아이들과 함께 읽는 역사 속 다문화 이야기 2

아이들과 함께 읽는
역사 속 다문화 이야기 2

2023년 10월 20일 초판 1쇄 발행
지은이   김문환

펴낸이   권이지
편 집   권이지·이정아

인 쇄   성광인쇄
펴낸곳   홀리데이북스
등 록   2014년 11월 20일 제2014-000092호
주 소   서울시 금천구 가산디지털1로 16 가산2차 SKV1AP타워 1415호

전 화   02-6223-2302
팩 스   02-6223-2303
E-mail   editor@holidaybooks.co.kr

ISBN   979-11-91381-14-6 (03900)

아이들과 함께 읽는 **역사 속**
다문화 이야기 2

글·사진 **김문환**

HOLIDAYBOOKS

서문

2023년 8월 경남 창원시 진해에 자리한 해군교육사령부. 해군 하사 170명 임관식이 열렸다. 11주간의 교육을 마치고 한국의 바다를 수호하는 바다지킴이로 첫발을 뗀 해군 부사관 가운데, 낯선 이목구비의 인물이 눈길을 끌었다. 파키스탄에서 한국으로 귀화한 아놀드 자웨이드 하사가 그 주인공. 올해 28살의 아놀드 하사는 25년전 1998년 3살 때 부모님과 함께 한국으로 왔다. 한국에서 자라며 초등학교와 중고등학교를 다녔다. 2014년 고등학교를 졸업하면서 귀화 신청을 했고, 2018년 한국 국적을 취득했다. 2019년 파키스탄 국적을 정리한 순수 한국인이다. 우크라이나 국립대로 진학해 대학을 다니던 중, 러시아 침공으로 귀국해 해군 부사관의 길을 선택했다. 교육과정의 여러 어려움을 딛고, 임관식에서 해군교육사령관상을 받는 영예를 안았다. 이만하면 대한민국의 바다를 지키는 든든한 호국의 간성으로 부족함이 없겠다. 교육기간 중 "충무공의 후예가 되기 위해 노력했다"는 아놀드 하사의 소감에 그의 열정과 애국심이 묻어나 미덥다. 외국계 한국인들은 더 이상 한국 사회에서 드문 화제거리가 아니다. 다문화 가족 구성원을 보는 일은 이제 익숙한 일상이다.

국경을 걸어 채웠던 조선 시대에도 아놀드 하사같은 귀화군인이 있었다. 충무공이 일본 침략에서 나라를 구하던 임진왜란 당시로 거슬러 올라가 보자. 일본 이름 사야가. 한국 이름 김충선. 1571년 일본에서 태어나 1642년 한국에서 숨졌다. 1592년 임진왜란이 터졌을 당시 가등청정 휘하 21살 장수로 침략군을 이끌고 들어왔다. 하지만, 침략의 뜻이 없다고 알리는 〈효유서曉諭書〉를 지역 조선사람들에게 돌렸다. 그리고는 경상좌병사 박진에게 투항했다. 1798년 정조 22년에 간행된 『모하당집慕夏堂集』(사야가의 호)에 "사람이 사나이로 태어난 것은 다행한 일이나 불행하게도 문화의 땅에 태어나지 못하고 오랑캐 나라에 태어나서 끝내 오랑캐로 죽게 된다면 어찌 영웅으로 한이 되는 일이 아니랴 하고, 때로는 눈물짓기도 하고 때로는 침식을 잊고 번민하기도 했습니다. 이 나라의 예의문물과 의관 풍속을 아름답게 여겨 예의의 나라에서 백성이 되고자 할 따름입니다." 라는 기록을 남겼다. 한국의 학문과 문화를 깊이 흠모한 사야가는 임진왜란과 이후에도 많은 공을 세워 정2품 정헌대부에까지 올랐다.

도원수 권율, 어사 한준겸이 선조에게 주청해 사야가는 한국식 이름을 받았다. 사야가의 이름에서 '사'는 한자로 모래 '사沙'다. 모래沙에서 금金이 나오는 데서 착안해 김씨, 본관은 김해를 하사받았다. 이름은 선조에게 충성한다는 의미로 '충선'이 된다. 이어 장춘점張春點의 딸과 결혼해 5남1녀를 낳았다. 현재 대구광역시 달성군 가창면 우록리友鹿里에 사슴을 벗하여 살았는데, 우록리라는 마을 이름도 직접 지었다. 우록리에는 김충선의 무덤이 남아 있고, 후손들이 집성촌을 이뤄 산다. 이렇게 역사를 되짚어 보면 타지역에서 들어온 사람들로 구성되는 다문화 사회多文化 社會(Multicultural Society)가 우리 역사를 일관되게 관통한다. 울산과학기술원 박종화 교수 연구팀의 2020년 고대 인골 DNA 비교분석 결과를 보면 한국인은 1차로 3-4만년전 동남아시아, 이어 2차로 4천여년 전 남중국에서 이주해온 집단의 혼혈 결과다. 이 외에도 기마문화를 갖고 북방에서 이주해온 집단도 한국 역사에 포용됐다.

현대 한국인의 밥상은 피자, 스파게티, 짜장면, 베트남 쌀국수, 빵, 케밥, 올리브 기름 등으로 풍요롭다. 물론 이전 밥상 쌀밥과 김치의 재료, 벼나 배추 역시 외부에서 유입된 식재료다. 배추 자체가 고려시대 전래 됐으며 붉은 고추는 임진왜란 이후 조선 후기 전래된 식재료다. 세종대왕이나 이순신 장군은 백김치만 드셨지, 붉은 김장김치는 구경하시지 못했다. 여름날의 갈증을 달래주는 맥주는 5천여년전 메소포타미아에서 처음 만들어져 19세기 말, 커피와 함께 한국사회로 유입됐다. 짜장면과 짬뽕 역시 중국에서 들어와 20세기 한국인의 기호식품으로 자리잡았다. 순수 단일민족, 한국만의 고유한 문화유산이라는 자부심을 내려놓는 서운함도 있지만, 인간이 구축한 어느 사회도 나만의 문화라는 순혈주의는 허상에 불과하다.

엄밀히 말하면 순혈주의는 롤랑 바르트의 1957년 저작『신화론(Mythologies)』속 표현대로 진실을 찬탈하는 신화일 뿐이다. 문화는 교류의 산물이기 때문이다. 캐나다의 언론사회학자 마샬 맥루한이 1960년대 만든 조어造語 "지구촌(Global Village)"은 시공을 초월한 정언명제다. 길고 넓게 보면 인류는 이웃끼리 교류 속에 새로운 것을 받아들이고, 그 과정에 자신의 것을 빚어내는 문화접변文化接變(Acculturation)의 삶을 이어왔다. 이 책은 그런 인식의 산물이다.

KBS 3라디오 매주 금요일 오후 3시 [공감 코리아, 우리는 한국인] 프로그램에 소개했던 내용을 재정리해 책으로 엮었다. 1권과 마찬가지로 사진은 유라시아 각지를 탐방하며 직접 촬영한 필자의 저작권 소유물이다. 책의 출판을 맡아준 권이지 대표에게 고마움을 표한다. 역사학이나 역사저술의 존재이유(Raison d'être)는 외교관 겸 역사학자 E. H. 카가 1961년『역사란 무엇인가?(What Is History?)』에서 설파한 내용에 잘 담겼다. "역사가의 역할은 현재를 이해하는 열쇠로서 과거를 다루는 것". 카이사르에 반대하다 옥타비아누스에게 암살당한 로마의 공화주의자 키케로가 B.C 55년『연설에 관하여(De Oratore)』에서 언급한 말은 카의 주장에 힘을 실어준다. "역사는 삶의 스승(Historia est Magistra Vitae)". 역사에서 찾아낸 국제화와 다문화라는 키워드가 디지털 기반의 MZ세대는 물론 미래의 주역인 청소년들에게 작은 나침반같은 선생님이 될수 있기를 기대해 본다.

2023년 9월 북악산 기슭에서 한양도성을 바라보며

김 문 환

목차

서문 ·· 4

1장 음식과 여성

- **1. 피자...** 전쟁터에서 퍼진 간편식 ······················ 12
  방송 2022.3.25.

- **2. 쌀국수와 짜장면...** 한국인 입맛 맞춘 다국적 짬뽕 ············ 19
  방송 2022.10.7.

- **3. 빵...** 태풍에 떠밀린 포르투갈 사람이 전한말 ············ 23
  방송 2022.9.23.

- **4. 맥주...** 부모님 무덤에 맥주 1000단지 넣은 이유 ······ 27
  방송 2022.8.12.

- **5. 담배...** 콜럼버스가 유럽으로 가져온 약초 ··············· 33
  방송 2023.2.17.

- **6. 비너스 조각...** 구석기시대 섹시미? ··························· 40
  방송 2023.3.10.

- **7. 비키니...** 로마시대 비키니 입고 비치발리볼? ············ 45
  방송 2022.8.5.

- **8. 여성인권...** 일처다부제 금지로 시작된 법의 역사 ········ 50
  방송 2022.7.22.

- **9. 클레오파트라...** 블랙워싱과 금발의 이집트 여왕 ·············· 55
  방송 2023.5.12.

- **10. 엘리자베스 2세...** 바이킹 출신 영국왕실 ··············· 61
  방송 2022.10.21.

- **11. 엘리자베스 1세...** 독신여왕으로 영국을 강대국 반열에 ·········· 69
  방송 2022.11.4.

- **12. 엘리노어,** 프랑스 왕과 이혼하고 영국왕비로... ·············· 77
  방송 2022.10.28.

2장 문화와 풍습

- 13. **밸런타인 데이...** 로마시대 사랑을 맺어준 성인 ················· 88
  방송 2023.2.10.

- 14. **핼러윈...** 켈트족 후예인 아일랜드계 미국인 축제 ················· 94
  방송 2022.11.11.

- 15. **이태원...** 임진왜란 이후 외국인 지대 ················· 99
  방송 2022.11.25.

- 16. **서낭당...** 티벳 몽골 한국의 '오색 천' 주술 ················· 103
  방송 2023.1.27.

- 17. **BTS...** 1500년전 페르시아 음악 대유행 ················· 109
  방송 2022.6.24.

- 18. **고대의 책...** "학문에 왕도는 없다"는 말뜻은? ················· 113
  방송 2022.3.18.

- 19. **칸 영화제...** 고대 그리스 극장과 인류 문화 ················· 119
  방송 2022.6.10.

- 20. **자전거...** 1896년 조선에 자전거 14대뿐 ················· 127
  방송 2022.4.22.

- 21. **철도...** 환경 오염 이유 철도 결사반대 ················· 134
  방송 2022.7.1

- 22. **카타르 월드컵...** 4강 돌풍 모로코, 문명의 교차로 ················· 141
  방송 2023.1.6.

- 23. **우크라이나...** 여신숭배 스키타이 문화 ················· 150
  방송 2022.3.11.

3장 신화와 종교

24. **올림포스 12신**... 제우스의 바람기가 낳은 가족신 ·················160
방송 2023.3.17.

25. **천문학**... 그리스 신화에서 따온 천체 이름 ·····················165
방송 2023.3.24.

26. **달탐사**... 아르테미스 여신의 유일사랑 오리온 ················169
방송 2022.9.16.

27. **코로나 변이**... 켄타우로스, 호색한에서 현자까지 ············173
방송 2022.7.29.

28. **세계 최장 현수교**... 뇌물 미인선발대회와 트로이 전쟁 ···········177
방송 2022.4.29.

29. **로마 건국**... 비너스의 아들이자 트로이 왕의 사위 ···············184
방송 2023.4.21.

30. **튀르키예 강진**... 보티첼리 '비너스의 탄생' 기원 ················191
방송 2023.2.24.

31. **불탑 기원**... 인도 산치 대탑에서 경주 다보탑까지 ··············199
방송 2022.5.6.

32. **석굴암 기원**... 인도 아잔타, 돈황, 운강, 용문 석굴 ················206
방송 2023.5.26.

33. **예수그리스도**... 선한 목자에서 수난받는 십자가로 ·············215
방송 2022.12.23.

34. **세스페데스 신부**... 임진왜란 때 들어온 첫 서양인 ·············221
방송 2023.4.28.

35. **이슬람 라마단**... 금식과 고려인 이슬람 신자 라마단 ············226
방송 2023.4.14.

1장
음식과 여성

1

피자...
전쟁터에서 퍼진 간편식

방송 2022.3.25.

신학기 시작, 기념행사, 아이들 생일, 각종 모임에 간편하면서도 맛난 음식으로 널리 사랑받는 음식이 피자죠. 요즘은 일상의 식사로도 많은 분들이 드시는데요. 피자는 다문화 음식의 하나예요. 한국에서 다문화 음식으로 중국의 짜장면, 베트남 쌀국수, 터키의 케밥등이 있는데요. 피자는 언제 어디에서 만들어진 음식이고, 한국으로는 언제 들어와 국민 음식으로 자리잡았는지 살펴봅니다.

◆ 피자라는 단어는 언제 처음 사용된 것인지요?

피자 만드는 모습. 로마 피자집

피자(pizza)라는 말이 기록상 처음 등장하는 것은 997년이니까 천여년 됐어요. 이탈리아 중남부 지방 가에타(Gaeta)를 동로마 제국이 지배하고 있었는데요. "크리스마스에 12개의 피자와 돼지고기 앞다리, 돼지 콩팥, 그리고 부활절에 피자 12개와 닭 한 쌍"이라는 기록물이 남아 있습니다. 10세기에 이탈리아 남부에서 피자라는 음식을 먹은 거죠. 여기서 더 거슬러 올라가 6세기 게르만족의 일파인 롬바르드족이 이탈리아반도로 들어와 피조(pizzo)라는

로마에 있는 피자집 화덕

말을 전파했다고 합니다. 용어 자체는 게르만어 기원인 거죠. 밀가루로 만든 둥근 빵 '도너'에 토마토나 치즈, 버섯, 양파, 올리브 같은 식재료, '토핑'을 얹어 구워먹는 음식이라고 정의할 수 있어요. 우리로 치면 밀가루에 호박, 김치 등을 얹어 부쳐 먹던 빈대떡에 가깝다고 봐야죠.

◆ 피자라면 흔히 나폴리를 연상하는데요.

세계 3대 미항이라고 하죠. 나폴리에서 피자가 대중 음식으로 처음 선보인 것은 18세기이고요. 이탈리아 전역으로 퍼진 것은 19세기입니다. 피자는 이탈리아 통일 운동과도 관계 있어요.

◆ 이탈리아 통일과 피자가 관련이 있다고요?

이탈리아는 로마제국의 후예잖아요. 476년 서로마제국이 멸망한 뒤, 서유럽은 게르만족의 다양한 일파가 장악합니다. 지역적으로 영국은 앵글로족과 색슨족, 프랑스와 독일은 프랑크족, 알레마니족, 부르군트족, 스페인은 고트족, 이탈리아는 롬바르드족... 중세를 거치면서 프랑스나 영국,

폼페이에 남은 로마시대 화덕

스페인등은 단일국가를 형성하지만, 독일과 이탈리아는 여러 나라로 갈라져 있었어요. 이탈리아를 보면요. 북부는 유벤투스 축구팀이 있는 토리노를 중심으로 사보이 왕국, 베네치아는 해상제국으로 별도, 북부 토스카나 지방의 피렌체, 로마는 교황령, 남부 나폴리와 시칠리아는 별도 왕국, 이런 식으로 나뉘어 있었습니다. 이탈리아 통일을 시도한 것은 1860년 사보이 왕국이었어요. 가리발디 장군이 이탈리아 전역을 정복하며 통일을 완수하는 과정에요. 나폴리 피자가 훌륭한 군인 음식이 됐습니다. 밀가루 반죽을 얇게 만들어 토마토를 얹어 구워 먹으면 되니까요. 야전에서 작전을 수행하는 군인들의 간편한 식사로 활용되면서 널리 퍼집니다.

◆ 역사적으로 그 기원을 거슬러 올라가도 전쟁과 관련 있다고요?

B.C5세기 페르시아 전쟁 때요. 페르시아 병사들이 방패에다 얇게 밀가

루 반죽을 얹고, 치즈와 대
추야자를 올려 구워 먹었다
고 합니다. 이를 본 그리스
병사들이 올리브 기름과 야
채를 얹어 먹었다고 해요.
그러니까 피자의 출발은 우
리로 치면 전쟁터 나가 간
편하게 먹는 주먹밥이라고
할 수 있어요. 나폴리에서

로마시대 화덕 모자이크. 프랑스 셍제르망 앙 레 고고학 박
물관

생긴 나폴리탄 피자, 여기서 마르게리타 피자가 나오는데요. 이는 1889년
입니다. 통일 이탈리아 왕국의 왕비 마르게리타가 나폴리를 방문했을 때
나폴리에서 피자를 만들던 라파엘레 에스포시토라는 사람이 여왕을 위해
특별히 만들어줘 생긴 이름입니다.

◆ 피자는 화덕에 굽잖아요. 화덕에 음식을 굽는 문화는 로마시대부터 있
　었다고요?

　그렇습니다. 나폴리 바로
밑에 폼페이라는 고대 로마
도시유적이 있잖아요. 나폴
리만에 위치한 베수비오 화
산이 폭발하면서 화산재에
묻혀있다 발굴된 폼페이요.
1748년부터 발굴이 본격적
으로 시작된 폼페이에서 로

나폴리 관광과 음식문화의 중심지 트리부날리 거리 유명
피자집

마의 생활상을 정확하고도 상세하게 들여다볼 수 있는데요. 2천년 전 방앗간 유적이 눈길을 끕니다. 로마 시대 밀가루를 빻고, 반죽을 만들어 빵을 굽던 방앗간 겸, 제빵점이라고 할까요? 피스트리눔(Pistrinum)이라고 부르는데요. 유적뿐

나폴리 트리부날리 거리 피자집. 클린턴 대통령이 찾은 집으로 이름 높다.

아니라 로마시대 모자이크에도 피스트리눔에서 밀가루를 빻고, 빵을 굽는 모습이 생생하게 묘사돼 있습니다. 요즘 시내 피자집에 설치된 피자 화덕과 싱크로율 100%입니다.

◆ 피자가 어떻게 전세계로 퍼지게 된 것인가요? 이것도 혹시 전쟁과 관계되나요?

2차 세계대전 덕분입니다. 19세기 말 이탈리아 사람들이 미국으로 대거 이주했습니다. 나폴리나 시칠리아는 이탈리아 내에서 경제 수준이 좀 낮은 지역이거든요. 이 지역 사람들이 신천지를 찾아 미국으로 떠난 거죠. 이때 피자 문화가 미국에 이식됐지만, 뉴욕 등지의 가난한 지역에 사는 이탈리아 이민자들의 음식에 불과했어요. 2차 세계대전 때 미국이 유럽전쟁에 참전하잖아요. 1943년 이탈리아에 상륙작전을 펼친 미국 병사들이 피자를 맛보고는 맛있다고 생각한 거예요. 귀국한 뒤, 피자를 즐기면서 미국 사회 전역으로 퍼진 거죠.

✦ 미국으로 간 피자는 이탈리아 피자와 좀 차별화되죠?

미국에서 피자는 토핑 그러니까 도너 위에 얹는 식재료가 풍부하고 다양해져요. 토핑이 많아지니 빵인 도너도 두툼해야겠죠. 전체적으로 피자가 커집니다. 이탈리아에서 혼자 먹는 간편식이었다면 미국에서는 여럿이 나눠 먹는 가족용이에요. 이탈리아인들은 미국식은 피자

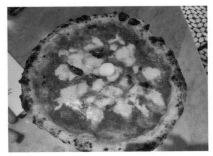
나폴리 특산 마르게리타 부팔라 피자. 나폴리

가 아니라고 하지만, 문화라고 하는 것이 한 지역에서 다른 지역으로 전파되면서 지역 특색을 가미하며 새롭게 탄생하죠. 미국에서 대형 체인점 피자는 젊은층이 주로 먹는 저렴한 대용식, 이탈리아식 피자는 이탈리아 레스토랑 등에서 수제로 먹는 고급식 이렇게 보면 되겠습니다. 2017년 기준으로 세계 피자 시장은 1280억 달러 수준으로 추정되는데요. 이 가운데 미국 시장이 440억달러여서 세계 피자의 3분의 1이 미국에서 소비돼요. 피자 왕국이죠. 한국의 피자 시장은 2019년 기준 8조원, 60억달러 정도예요. 한국인도 피자를 미국인 못지않게 많이 먹는다고 봐야지요.

✦ 한국에는 피자가 언제 어떤 경로로 들어와 자리를 잡은 것인가요?

전쟁을 통해서입니다. 6.25요. 1951년부터 이탈리아 적집자사가 운영하는 병원이 영등포에 문을 열었는데요. 이때 이탈리아사람들이 피자를 만들어 전파했다고 합니다. 우리나라 최초의 피자 식당 개업은 최고급 레스토랑이었어요. 1963년 워커힐 호텔에서요. 6.25때 전사한 미국 장군 워커를 기념하는 호텔이죠. 여기에 '힐탑바'라는 지금은 '피자힐'로 이름이 바

꿰었는데요. 전문 피자집으로 한국 피자 문화의 문을 엽니다. 호텔을 벗어나 거리에 등장한 최초의 피자집은 1972년입니다. 당시 젊은이 문화의 상징이던 명동 유네스코빌딩 지하에 문을 열어 고급 서양 음식점으로 개막한 거죠. 이어 1958년 미국에서 출범한 피자헛이 1985년 이태원에 한국지점을 내요. 초기 고급 음식점 개념으로 2000년대 초반까지 선풍적인 인기를 누렸습니다. 한국 자생 피자 체인점도 속속 등장하면서 오늘의 피자 전성시대를 열었습니다.

쌀국수와 파장면...
한국인 입맛 맞춘 다국적 짬뽕

방송 2022.10.7.

국수만큼 다문화를 대표하는 음식도 드물 겁니다. 쌀이나 밀, 메밀, 옥수수 등으로 가루를 내 만들어 먹는 국수는 전 세계에 고루 퍼진 음식인데요. 요즘에는 쌀가루를 이용한 쌀국수도 인기잖아요. 베트남 쌀국수는 언제 탄생했고, 어떤 과정을 거쳐 한국으로 들어왔을까요? 한국인의 사랑을 받는 원조 다문화 음식 짜장면과 짬뽕의 전래과정도 궁금한데요.

◆ 쌀국수는 베트남만의 전통 음식인가요?

베트남은 더운 나라여서 1년 3모작도 하잖아요. 쌀이 흔하니 가루를 내 쌀국수를 만들어 먹었는데요. 볶음면이었어요. 쌀국수의 기원은 베트남이 아니라 중국이죠. 쌀 재배의 원산지 자체가 중국 양자강 이남지방이잖아요. 중국 남부의 쌀국수 문화가 베트남이나 태국, 미얀마 등 동남아시아 각지로 퍼진 것인데요. 모두 볶음면이었습니다.

◆ 볶음 쌀국수가 베트남에서 국물이 있는 쌀국수로 바뀐 것은 언제인가요?

국물 쌀국수가 베트남에 등장한 것은 뜻밖에 프랑스 식민통치와 관련됩니다. 오랫동안 문화적으로 중국의 영향을 강하게 받았지만, 베트남은 몽

1장. 음식과 여성 ● 19

쌀국수

골은 물론 여진족 청나라 시대에도 독립을 유지한 강한 나라였어요. 그러다, 19세기 프랑스 식민지가 됐죠. 1954년 디엔비엔푸 전투에서 프랑스군을 물리치면서 독립을 쟁취하는데요. 프랑스 지배 기간 프랑스 음식의 영향을 받은 겁니다. 프랑스 음식 가운데 뽀또푀(Pot au feu)라는게 있는데요. 뽀또푀는 요리과정에 고기를 삶은 육수가 생겨요. 베트남 사람들이 여기에 쌀국수를 넣어 말아 먹은 거죠. 야채를 넣고요. 특히 베트남 특유의 고수 같은 향신료를 넣어 베트남 사람들 구미에 맞췄어요. '포'라는 시원한 고기국물 베트남 쌀국수는 백년 정도 된 겁니다.

◆ **피자처럼 베트남 쌀국수도 단시간 내 한국은 물론 세계 각지로 전파된 것이군요?**

그렇습니다. 베트남이 제네바 협정에 의해 남과 북으로 분리 독립되잖아요. 남북으로 갈려 갈등하다 베트남 전쟁이 벌어지고요. 1975년 베트남이 통일되죠. 이때 남쪽 베트남 그러니까 월남에 살던 사람들이 공산 치하를 두려워해 미국으로 대거 이주해요. 이때 베트남 쌀국수 문화가 미국으로 이식되고요. 또 옛 식민모국 프랑스로 이주하면서 쌀국수 문화를 가져갑니다. 우리나라로는 1990년대 들어오는데요. 미국으로 간 베트남 국수의 프랜차이즈 형태였습니다. 피자와 같아요. 그러다, 베트남에서 온 결혼 이주자와 노동자들이 늘잖아요. 베트남 쌀국수도 급속히 퍼져 나갔습니다. 고수를 넣지 않는 쌀국수로 한국인의 기호에 맞추고요.

◆ 우리는 전통적으로 밀가루나 메밀가루로 만든 국수를 만들어 먹었죠?

한국의 기후에는 벼보다 메밀이나 기장같은 작물이 잘 자라요. 기장이
나 메밀로 가루를 내 메밀국수나 냉면을 만들어 먹었던 겁니다. 특히 한강
이북의 강원도, 평안도, 함경도는 국수라고 하면 메밀국수나 냉면을 가리
키죠. 반면 한강 이남의 경기도 남부, 충청, 전라, 경상지역은 밀이 잘 자
라는 조건이었어요. 밀가루 국수를 만들어 먹었습니다. 한국에서는 목축
업이 발달하지 않았기 때문에 고기 육수보다는 멸치나 조개로 국물을 내
는 국수를 즐겼어요.

◆ 한국에 베트남 국수에 앞서 새로운 종류의 국수, 짜장면이 등장한 것
   은 언제인가요?

1883년 인천항이 개항되면서 중국과 일본, 서구상인과 노동자들이 몰
려옵니다. 이때 중국에서 온 사람들이 짜장면을 갖고 들어와요. 한반도와
가까운 산동반도 지역 중국인들이 먹던 볶음 짜장면이 인천으로 들어와
한국인이 가장 사랑하는 분식으로 진화한 것이지요. 중국에서는 장醬을
볶아서炸 면麵 위에 얹은 음식이라는 뜻으로 작장면炸醬麵인데요. 중국 북
동부 음식이어서 중국 남부로 가면 중국인도 전혀 모르는 음식이지요. 한
국으로 들어온 짜장면은 기름지고 수분이 많아 중국 작장면과 좀 다릅니
다. 한국인의 입맛에 맞춰 변형된 것이지요.

◆ 짜장면과 함께 한국인이 즐겨 먹는 짬뽕의 유래는 어떤지요?

짬뽕은 음식 이름처럼 유래도 짬뽕입니다. 일본과 중국이 동시에 짬뽕

전파에 관계되거든요. 일본이 1854년 개항을 하잖아요. 오랫동안 네덜란드와 교역을 펼쳤지만, 개항 뒤에는 큐슈 나가사키로 더 많은 외국인들이 들어왔어요. 이때 중국 복건성 지역에서 먹던 초마면이라는 면 종류가 나가사키로 들어와 그 유명한 '나가사키 짬뽕'이 됩니다. 1899년이에요. 일본은 우동을 먹잖아요. '중국식 우동'이라고 부르다가 '잔폰'이 됐고, 한국으로 들어와 된소리 발음으로 굳으면서 짬뽕이 된 거죠. 일본 이름 '잔폰'이 한국에 들어온 것은 해방 뒤에요. 중국 화교들이 많이 살던 개항항구, 전라북도 군산에서 1969년 화교들이 처음으로 고춧가루를 넣은 짬뽕을 만들어 팔아요. 1972년 짬뽕이란 이름을 붙였다고 합니다. 그러니까 매운 짬뽕의 역사는 이제 50여년 된 거죠. 중국 초마면이 일본식 나가사키 짬뽕이 되고, 고춧가루가 들어간 한국의 짬뽕이 탄생한 겁니다. 탄생 자체가 짬뽕, 즉 다문화죠.

빵…
태풍에 떠밀린 포르투갈 사람이 전한말

방송 2022.9.23.

지구상 2대 곡물이라면 쌀과 밀을 꼽는데요. 중국과 인도를 비롯한 동아시아와 남아시아가 쌀의 문화라면 서아시아와 유럽은 밀의 문화죠. 밀가루로 만든 대표적인 음식이 빵이고요. 최근 간편화된 생활문화에 따라 복잡한 조리 과정의 밥 대신 빵을 주식처럼 먹는 한국 사람들이 늘고 있죠. 빵은 언제 처음 만들어졌고, 어떤 과정을 통해 한국으로 들어왔는지 따라가 봅니다.

◆ 빵은 밀가루로 만드는데, 밀농사부터 그 기원을 찾아가 볼까요?

수메르 상형문자의 빵. 사람 얼굴 앞에 빵을 넣어 음식이라는 명사와 음식을 먹다라는 동사로 활용했다. B.C31세기. 루브르 박물관

밀을 처음 재배하기 시작한 장소는 메소포타미아입니다. 메소포타미아는 그리스어인데요. '메소'는 '사이'라는 뜻이고요. '포타미아'는 '땅'입니다. 그러니까, 메소포타미아는 '둘 사이의 가운데 땅'이라는 뜻입니다.

여기서 둘은 강이죠. 하나는 남쪽의 유프라테스강, 다른 하나는 북쪽의 티그리스 강입니다. 둘 다 터키에서 발원해 시리아를 거쳐 이라크의 사막지대를 풍요롭게 적신 뒤, 이란 앞바다 페르시아만으로 흘러듭니다. B.C4세기 이지역을 정복한 알렉산더의 그리스인들이 붙인 이름입니다. 이 지역이 밀을 처음 재배한 곳입니다. 1만여년 전으로 추정돼요. 여기서 초원의 길을 따라 중국과 한국으로 밀이 전래됩니다.

◆ 빵을 처음 구워 먹은 것은 언제부터 인지요?

문자를 처음 만든 곳도 밀처럼 메소포타미아인데요. 프랑스 파리 루브르 박물관에 가면 메소포타미아 고대 도시국가 우룩에서 출토한 점토판에서 빵을 가리키는 상형문자를 볼 수 있습니다. 사람 얼굴과 빵을 합성해 '먹다'라는 동사형 상형문자를 만들어 쓴 것도 확인할 수 있고요. 이집트로 가면요. 그림을 통해 빵의 문화를 접할 수 있습니다.

◆ 그림으로 남은 빵이요? 어떤 그림에서 빵을 확인할 수 있는 것인가요?

무덤 벽화입니다. 4-5천여년전 생활상을 마치 풍속화 사진첩을 들여다보듯 선명한 컬러 그림으로 보여주는데요. 이집트 수도 카이로 근교 기자에 있는 3개의 피라미드는 4천600-4500년전 할아버지, 아

고대 이집트 고분벽화속 빵. 기자 쿠푸 파라오의 딸인 공주 네페르티아베트 묘지 벽화. B.C2 26세기. 카이로 이집트 박물관

버지, 손자 3대의 무덤입니다. 그중 가장 큰 것은 높이 146m, 밑변길이 230m의 쿠푸 파라오 피라미드입니다. 쿠푸 파라오의 딸 네페르티아베트 공주의 무덤인 마스터바가 아빠 쿠푸 피라미드 뒤쪽에서 발굴됐어요. 여기에 벽화가 선명하게 남아 있는데요. 프랑스 고고학 팀이 고스란히 떼서 파리 루브르 박물관으로 옮겨놓았답니다. 루브르에서 이 벽화를 보면요. 공주의 초상화가 그려져 있고요. 공주 앞에 빵이 수북하게 쌓여있습니다. 4600년 된 빵그림입니다.

◆ **고대 그리스로마에서도 빵을 주식으로 삼았죠?**

　그렇습니다. 고대 그리스에서 아침 식사는 빵을 구워, 포도주에 찍어 먹

로마시대 빵 그림. 1세기. 폼페이 출토

는 겁니다. B.C2세기 이후 지중해 패권을 차지한 로마의 문화가 오늘날 서양문화의 뼈대를 이루죠. 로마문화는 그 실상이 정확히 알려져 있는데요. 79년 베수비오 화산이 폭발하면서요. 화산재에 뒤덮였던 로마 도시 폼페이와 에르콜라노가 발굴됐거든요. 가정 집 벽면에 그렸던 갓 구운 빵 프레스코 그림을 걷어 나폴리 국립박물관에 전시중입니다.

◆ **그럼 한국으로는 언제 유럽의 빵문화가 유입되는 것인가요?**

　15세기 대항해 시대 이후입니다. 대항해의 출발국가는 포르투갈이지요. 포르투갈은 15세기 중반부터 대서양 남단의 아프리카 해안을 따라 남하하기 시작합니다. 1488년 아프리카 최남단 희망봉에 도달하고요. 이후

아프리카 동해안을 따라 북상해 1498년 인도에 도착합니다. 1505년부터 인도총독을 두는 한편 인도네시아로 진출해 향료무역을 펼칩니다. 이들이 인도네시아에서 필리핀까지 올라오고요. 중국으로 가던 도중 태풍에 휘말려 일본 남단 다네가시마섬에 표류합니다. 1543년입니다. 이때 포르투갈 사람들이 총을 전파하는 동시에 빵을 소개합니다. 포르투갈어 발음이 빵(pão)입니다. 고대 로마인들의 라틴어 계열 언어에서는 포르투갈어가 빵, 프랑스어로 빵(Pain)입니다. 쌀로 만든 떡만 먹던 일본인이 포르투갈의 밀가루 빵을 받아들였고요. 일본을 거쳐 한국으로 들어와 오늘날 한국 빵문화를 일굽니다.

포르투갈 벨렝타워. 16세기 초 완공

맥주...
부모님 무덤에 맥주 1000단지 넣은 이유

방송 2022.8.12.

　중국 진나라 진수(233년-297년)가 쓴 중국 역사책 '삼국지三國志' 권30 위서
魏書 동이전東夷傳 부여조夫餘條를 보면요. "사람들이 모이면 술잔을 바치
고, 씻고, 사양하며 들었다 놓는다. 은정월에 하늘에 제사를 지내는데, 나

고대 이집트 12왕조 궁정 재무관 사크헤르티 묘지석 맥주 단지. 맥주1천단지를 부장품으로 준비했다
는 기록. 12왕조 B.C1970-B.C1900 루브르

라 한 가운데 크게 모여, 연일 먹고, 술 마시고, 노래 부르고, 춤 춘다" '영고迎鼓'라고 불리는 부여의 풍속이 소개돼 있죠. 고대 한국인의 음주문화인데요. 현대 한국인이 즐겨 마시는 맥주는 언제 등장했고, 한국에 유입됐을까요?

고대 이집트 맥주 제조 장면 프레스코 그림. 1중간기 B.C21-B.C20세기 토리노 박물관

◆ **우리나라에 맥주가 처음 등장하는 것은 언제인가요?**

조선은 1876년 일본과 강제 불평등조약을 맺고 부산과 인천(제물포), 원산을 개방하는데요. 1883년 1월 인천항이 개항되고 이듬해 1884년 독일계 무역회사 세창양행이 사무소를 열어요. 독일제 생활용품과 의약품 등을 수입 판매해 폭발적인 인기를 끌었습니다. 아직 일본 업체가 들어오기 전 조선 무역의 중심에 독일 회사가 있던 거죠. 요즘 독일제 벤츠 차라면 당시에는 독일제 바늘이 최고 인기 상품이었습니다. 세창양행은 독일 함부르크 출신 에드워드 마이어가 개설한 무역회사인데요. 조선에 10만 냥이라는 거액을 빌려주는 등 개항 초기 큰손이었어요. 신문광고와도 관계가 깊어요. 정부가 펴낸 주간신문 한성주보 1886년 2월 22일자 세창양행 광고가 국내 첫 신문광고로 기록됩니다. 1896년 4월 7일 등장한 독립신문에도 1899년 12월 폐간 때까지 광고를 낸 최대 광고주였어요. 요즘으로 치면 삼성전자나 현대자동차 같은 큰손이었죠. 독일은 맥주의 나라인데요. 세창양행이 맥주를 수입했는지 정확하게 알려진 것은 없습니다. 국내

첫 맥주 광고는 1896년 인천에서 발행되던 일본어 신문 조선신보예요. 여기에 아사히 맥주 광고가 실렸습니다.

◆ **우리 역사를 벗어나 인류 역사에서 맥주는 언제 등장했나요?**

파리 루브르에 전시중인 4000년 된 무덤 묘지석 그림을 보면요. 주인공은 이집트 역사에서 중왕국으로 불리는 12왕조 때 궁정 재무관 사크헤르티예요. B.C1970년-B.C1900년 사이 활동한 인물입니다. 목에 우세크를 차고, 션디트라 불리는 치마를 입은 사크헤르티가 근엄한 표정으로 앉아있고요. 그 뒤로 아내가 다정한 포즈로 남편의 어깨에 손을 올린 채 앞을 바라봅니다. 사자다리 형상의 의자에서 부와 권력이 묻어나고요. 두 사람 앞에는 정성스럽게 차린 제사상이 놓였어요. 각종 과일과 고기, 야채를 수북이 고였고요. 고대 이집트인들은 망자가 사후세계에서 영원히 먹을 수 있는 넉넉한 양의 음식물을 이렇게 그림이나 조각으로 표현했답니다. 상형문자로 적기도 했는데요. 사크헤르티 묘지석에 적힌 공양물의 양을 보면요. 밀가루 빵 1000개, 각종 고기 1000 덩어리, 새 1000마리를 사후 음식으로 바쳤어요. 맥주도 있을까요? 당연합니다. 묘지석 그림 오른쪽 아래 둥그런 도자기가 맥주단지예요. 그림은 하나지만, 맥주 1000단지를 바친다고 기록돼 있어요. 망자 사크헤르티가 중국의 이백처럼 고주망태가 되도록 마시는 술고래라서가 아니라요. 영생하며 영겁永劫의

고대 이집트 맥주제조 조각.
5왕조 B.C2465-B.C2323 카이로 이집트 박물관

세월 마실 양이라 그렇습니다.

◆ **놀랍군요. 맥주 단지 1000개를 부모님께 바쳤다니요. 맥주를 빚는 유물도 남아 있나요?**

장소를 이탈리아 북부도시 토리노로 옮겨 보면요. 세계에서 가장 오래된 이집트 전문박물관인 토리노 이집트 박물관이 있어요. 1759년부터 대량으로 이집트 유물을 모으기 시작해 1824년 문을 열었습니다. 토리노 이집트 박물관에는 이집트 역사에서 제1 중간기로 불리는 B.C 21세기-B.C20세기 무덤 프레스코가 탐방객을 맞는데요. 출토지는 이집트 역사고도 룩소르에서 남쪽으로 30㎞ 떨어진 게벨레인입니다. 무덤 주인공

맥주단지. 신왕국 B.C14세기. 베를린 신박물관.

은 이티, 그리고 그의 아내 네페루예요. 신전 형태의 무덤을 장식하던 프레스코 그림에 당시 풍속을 알려주는 다양한 모습이 담겼는데요. 그 중 하나가 맥주를 빚는 광경이에요. 4000년 넘은 그림이라 선명하지는 않지만, 맥주단지들이 뚜렷하게 보입니다. 보리를 절구에 찧는 여인의 모습도 나오고요. 당시 맥주는 도금양 열매, 생강, 꿀 등으로 향을 낸 대추야자 즙에 보리빵을 넣어 발효시키는 방식이었어요. 카이로 이집트 박물관으로 가면요. 이집트 고왕국 5왕조 때인 B.C2465년-B.C2323년 사이에 만들어진 조각들이 있어요. 건장한 체격의 남자들이 맥주를 빚는 모습입니다. 단군 할아버지보다 더 오래전부터 맥주를 빚어 마시던 유물이 남아 있는 거죠.

◆ 요즘 맥주는 시원하게 들이키며 갈증을 해소하는데요. 고대에는 맥주를 어떻게 마셨는지요?

독일 수도 베를린 시내를 관통하는 슈프레 강 한가운데 섬을 박물관 섬이라 부르는데요. 이곳에 알테스(구)박물관, 노이에스(신)박물관이 있어요. 노이에스 박물관에 주옥같은 이집트 유물들이 탐방객을 맞아요. 이 가운데 희귀한 이집트 프레스코 그

고대 이집트인이 맥주마시는 프레스코 그림. B.C14세기. 베를린 신박물관

림이 손짓합니다. 맥주 마시는 장면이에요. 이집트 역사에서 신왕국으로 부르는 18왕조 B.C14세기 그림인데요. 오른쪽에 건장한 남성이 앉아 있고요. 그 앞에 작은 체구의 남성 하인이 건장한 체격의 남성을 돕는 모습입니다. 건장한 남성은 빨대를 물었는데요. 오른손으로 잡은 빨대가 길게 장죽처럼 뻗어 'ㄱ'자로 꺾여 단지 속으로 들어갑니다. 맥주단지예요. 하인은 주인 남자가 빨대로 맥주를 빨아 마시는 것을 돕는 거예요. 오른쪽에는 남자의 아내로 보이는 여성이 지켜보고요. 고대 맥주는 일종의 음식이었어요. 빨대로 맥주를 마시는 그림 속 남자의 차림을 보면요. 턱에 수염이 길어요. 메소포타미아에서온 군인이에요. 허리에 메소포타미아 특유의 단도를 찼고요.

◆ 맥주 원료가 고대 메소포타미아에서는 아주 중요한 역할을 했다고요?

그렇습니다. 앞서 맥주를 걸쭉하게 빚어 음식으로 썼다고 했잖아요.

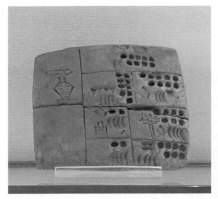

고대 수메르 맥주 월급 점토판 신왕국 B.C14세기. 베를린 신박물관

그걸 확실하게 입증해주는 유물이 기다리는데요. 파리 루브르 박물관으로 다시 갈게요. B.C3000년-B.C3300년 사이 상형문자 점토판을 보면요. 받침대 위에 마개가 덮인 맥주 단지가 보여요. 베를린 노이에스 박물관에서 보던 메소포타미아 맥주 단지와 비슷합니다. 오른쪽에는 수효를 상징하는 점들이 찍혔어요. 점 옆에 식물이 보여요. 발아 보리입니다. 맥주 원료인 싹 틔운 보리요. 맥주 1단지를 빚을 수 있는 발아 보리의 수효를 나타낸 겁니다. 용도는? 급료라고 루브르 박물관측은 설명합니다. 5000년 전 메소포타미아에서 월급은 식용 맥주 원료인 발아보리였던 거에요.

담배...
콜럼버스가 유럽으로 가져온 약초

방송 2023.2.17.

새해에는 건강과 행복을 기원하며 무엇인가 결심을 하는데요. 아마 금연이 제일 많지 않을까 싶습니다. 건강에 해롭다고 밝혀진 담배인 만큼, 각국에서 담배 추방 정책을 적극적으로 추진하죠. 뉴질랜드는 2009년 이

콜럼버스 생가. 제노바

후 뉴질랜드에서 출생한 사람은 평생 담배를 살 수 없도록 하는 법을 제정했어요. 히말라야 산맥 부탄은 2010년 담배 판매를 금지했습니다. 지구촌 발암물질 담배의 기원으로 거슬러 올라갑니다.

◆ 담배의 원산지가 어디인지부터 살펴볼까요?

세계 최대 담배 생산국가는 중국이에요. 하지만, 담배의 원산지는 아메리카입니다. 그것도 북중미니까, 카리브 제도나 미국, 멕시코 땅이죠. B.C1400년 경 멕시코에서 담배를 경작한 것으로 알려져 있습니다. 서기 7세기경 멕시코 마야 신전의 벽에, 제사장이 담배를 피우는 그림이 묘사돼 있다고 하고요. 제사장이 피우는 것이니까, 주술의식과 관련 있겠지요. 계약이라든가 중요한 의식을 행할 때 이에 대한 보증용으로 담배를 피웠다고 해요. 콜럼버스가 1492년 카리브해 연안에 도착하잖아요. 콜럼버스의 1492년 11월 6일 자 일기는 원주민이 담뱃잎을 바나나 잎 등과 함께 말아 불을 붙여 피운다고 기록해요.

◆ 그럼 콜럼버스가 담배를 유럽으로 가져온 것인가요?

콜럼버스를 포함해서요. 15세기 말- 16세기 초 아메리카에 닿은 스페인과 포르투갈 사람들이 잎담배를 들여와 원주민 풍습대로 말아 피웠습니다. 속칭 시가예요. 스페인은 쿠바를 식민지로 삼은 후 쿠바로부터 잎담배를 수입해 세비야에서 시가로 만들어 팔았어요. 그러다 1559년 스페인 필리페 2세의 명으로 에르난데스 데 본칼로가 담배 모종을 처음으로 들여와 마드리드 근교 톨레도에 심었습니다. 이듬해 1560년 포르투갈 주재 프랑스 대사였던 장 니코가 담배 모종을 프랑스로 보냈어요. 유럽대륙 각지로 급속히 퍼지는 계기였습니다. 담배 속 해로운 성분 니코틴(Nicotine)은 프

콜럼버스 동상. 제노바 시내

랑스로 담배 모종을 보내 대륙 전파의 계기를 이룬 니코의 이름을 딴 겁니다. 물론 니코틴이라는 성분이 밝혀진 것은 19세기 독일에서고요.

◆ **니코틴이 니코라는 프랑스 사람에서 유래했군요. 유럽에서 담배는 기호품이었나요?**

약초로 봤습니다. 잎을 말아 만든 시가를 피웠잖아요. 남은 자투리를 모아 종이에 말아 피우는 궐련은 시가렛이라 하고요. 이는 19세기 나타나요. 즉 초기에는 잎담배 시가니까, 담배를 약초 잎으로 생각한 거죠. 왕족과 귀족같은 특권층의 전유물로 큰 인기를 끌었어요.

◆ **담배를 영어로 토바코라고 하는데요. 그 이름의 유래는 어떻게 되는지요?**

미국의 인류학자 에른스트가 1889년 쓴 논문 「담배의 어원에 대해(On the etymology of the word tobacco)」를 보면요. 영어 토바코(tobacco)의 기원은 스페인어 타바코(tabaco)입니다. 스페인어 타바코의 기원에 대해서는 몇 가지 설이 있는데요. 먼저 카리브해 연안 섬들에서 쓰던 아라와크 어족의 타이노어에서 왔다는 건데요. 도미니크 수도회 소속 성직자이자 역사가이던 스페인의 바르톨레메는 1522년 잎담배 피우는데 쓰던 'L'자형 파이프를 타이노어로 '타바코(tabaco)', 혹은 '타바고(tabago)'라고 불렀다고 기록합니다. 자생설도 있는데요. 스페인, 포르투갈, 이탈리아어에 1410년 경부터 약초를 부르는 이름 '타바코(tabaco)'가 사용됐다는 겁니다. 물론 담배는 아니었고요. 영국의 동양학자이자 번역가이던 레인은 1863년 펴낸 책 『아랍 기원 영어어휘(An Arabic-English Lexicon: Derived From the Best and the Most Copious Eastern Sources)』에서 약초를 부르는 이름 타바코는 아랍어 투바크(tubaq)에서 왔다고 해요. 아랍에서 9세기 경부터 약

콜럼버스 초상화. 제노바 해양박물관

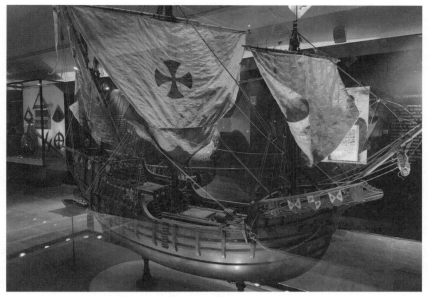

콜럼버스가 타고 간 산타마리아호 모형. 제노바 해양박물관

초를 가리키는 말로 쓰였다고 해요. 711년 아랍 이슬람 세력이 이베리아 반도를 정복하면서 스페인과 포르투갈 땅을 지배하잖아요. 이탈리아의 시칠리아도 마찬가지고요. 아랍어 투바크 기원설에 힘을 실어줍니다.

◆ 담배가 한국으로는 언제 전파된 것인가요?

조선시대 임진왜란 직후인데요. 1543년 포르투갈 무역선이 일본 남부 다네가시마 섬에 표류하죠. 포르투갈이 이후 일본과 교역하는 과정에 담배도 소개합니다. 임진왜란 뒤, 광해군 1년 1609년 일본과 기유약조己酉約條를 통해 국교를 재개하는데요. 이후 일본에서 들어온 것으로 보입니다. 고추, 호박 등과 함께요.

◆ **담배라는 우리말 이름은 어떻게 생긴 것인가요?**

스페인과 포르투갈 사람들의 타바코를 일본 사람들이 다바코(タバコ)라고 부른 거예요. 조선으로 들어오면서 '다'에 'ㅁ' 받침이 붙어 '담바고談婆姑'가 됩니다. 그 담바고가 줄어서 '담배'가 된 거죠. 임진왜란 이후 중국이 청나라로 바뀌는데요. 여진족의 청나라는 만주어를 쓰잖아요. 이 만주어에서도 담배를 '담바구'라고 합니다. 조선의 선비들은 '담바고'보다 남쪽에서 온 풀이니까 '남초南草' 혹은 '남령초南靈草'라고 불렀습니다. 1740년경 펴낸 실학의 대가 이익의 『성호사설』에 보면 "남쪽 바다 가운데 있는 담파국湛巴國에서 들어와 담배湛巴라고 부른다"는 대목도 있어요. 이 책에는 광해군 말기 담배가 대유행했다고 기록됩니다.

◆ **우리나라에서 가장 오래된 담배 관련 기록은 무엇인지요?**

실학자의 비조로 불리는 이수광이 1614년 펴낸 『지봉유설芝峯類說』입니다. 여기서 약초로 소개하고 있습니다. 조선왕조실록 인조실록 37권, 인조 16년 그러니까 1638년 8월 4일 갑오일 첫 기사를 보면요. 조선사람들이 몰래 남령초南靈草를 당시 청나라 수도 심양에 보냈다가 발각돼 문책당했다는 기록이 나옵니다. 실록 기록을 더 보면요 "담배는 일본에서 생산되는 풀인데 그 잎이 큰 것은 7, 8촌寸쯤 된다. 가늘게 썰어 대나무 통, 혹은 은銀이나 주석 통에 담아서 불을 붙여 빨아들이는데, 맛은 쓰고 맵다. 가래를 치료하고 소화를 시킨다고 하는데, 오래 피우면 가끔 간의 기운을 손상시켜 눈을 어둡게 한다. 이 풀은 병진·정사년(1616~1617년)부터 바다를 건너 들어와 피우는 자가 있었으나 많지 않았는데, 신유·임술년(1621~1622년) 이래로는 피우지 않는 사람이 없어 손님을 대하면 차와 술을 담배로 대신하기 때문에 연다煙茶, 연주煙酒라고도 하였고, 심지어는 종자를 받아서 서로 교역까지 하였다. 오래 피운 자가 유해무익한 것을 알고 끊으려고 하여도 끝내 끊지 못하니, 세상에서 요망한 풀이라고 일컬었다. 심양으로 들어가자 심양 사람들도 매우 좋아하였는데, 오랑캐 한汗은 재물을 소모시킨다고 하여 엄금했다고 한다"고 기록됩니다.

◆ 서양과 달리 우리는 담배 피우는 층이 다양했죠?

조선시대 예의범절이 엄격했지만 담배에 대한 금기는 없어 남녀노소가 장소를 가리지 않고 피웠습니다. 서당에서 훈장과 학도, 할아버지와 손자 맞담배는 물론 궁궐의 궁녀도 피우고요. 이런 내용은 구한말 외국인의 목격담에도 그대로 나옵니다. 정조가 술담배를 즐겼고, 아들 순조는 담배를 멀리했다고 하네요. 남녀노소가 다 피운 이유는 담배를 약초로 생각해 치료 효험을 믿었기 때문으로 풀이됩니다. 특히 예전에 기생충이 많아 배가 자주 아팠죠. 어린이들에게 담배가 기생충 특효약이라고 봤다는 겁니다.

6

비너스 조각...
구석기시대 섹시미?

방송 2023.3.10.

3만년전 구석기 시대 비너스. 비엔나 자연사
박물관

유엔은 1975년을 '세계 여성의 해'로 기념하고, 1977년 3월 8일을 '세계 여성의 날'로 지정했습니다. 연례행사로 격을 높인 거죠. 1908년 3월 8일 미국 뉴욕에 모인 1만 5000여 명의 여성 노동자 집회가 그 기원이에요. "빵과 장미를 달라"고 외쳤는데요. 빵은 노동의 대가, 장미는 참정권을 뜻했어요. 우리나라는 2018년 여성의 날을 법정 기념일로 삼고, 여성 인권에 관심을

쏟고 있는데요. 조각을 통해 선사시대 여성인권을 살펴봅니다.

◆ **조각이라는 예술품을 통해 당시 시대상을 들여다보는 것이군요?**

그렇습니다. 메소포타미아에서 B.C33세기 상형문자로 기록을 시작하기 전에도 인간은 소통하고 살았지요. 호모 코무니칸스(Homo Comunicans). 소통하는 인간이요. 인간의 속성이죠. 문자 발명 이전 소통은 미술이죠.

선사시대 사람들이 남긴 다양한 조각과 그림을 통해 당시 여성에 대한 인식을 추정해 볼 수 있습니다. 구석기 사람들도 지금부터 4만여년 전 그림과 조각으로 소통했어요. 그림에 등장하는 사람은 사냥꾼이에요. 남성의 상징을 달고 등장합니다. 조각에서는 어땠을까요? 남자를 다뤘을까요?

◆ 구석기 시대 조각에서는 여성을 다뤘나요?

그림과 달리 4만여년 전 조각에 처음 등장하는 사람은 여성입니다. 초기에는 여성의 생식기를 조각합니다. 유방이나 하체의 생식기죠. 그러다 사람 형상으로 진화하는데요. 사람 형상을 만들고도, 입과 코, 눈, 귀 이런 것은 과감하게 생략했습니다. 그러니까, 미적 아름다움을 표현한 것은 아니지요.

◆ 생식과 관련된 부분만 강조하는 여성 조각은 어떤 의미를 담는지요?

선사시대 예술품을 체계적으로 전시, 소개하는 파리 인류박물관(Musée de l'Homme) 설명을 근거로 말씀드리면요. 일단 의식(cult)과 관련 있다고 설명합니다. 무엇인가를 비는 주술행위죠. 무엇을 빌었을까요? 풍요(fertility)라고 설명합니다. 사냥이 잘 되고, 열매를 많이 따 먹을 수 있게 해달라고 비는 거죠. 없는 것을 갖게 해달라는 것인데요. 출산도 마찬가지죠. 출산은 생명의 탄생이잖아요. 이

3만년전 구석기 시대 비너스. 보르도 아키텐 박물관

는 여성의 신체 생식기능에 달려 있고요. 그러니까, 많은 짐승을 잡아 먹고, 열매를 따 먹을 수 있게 해달라고 비는 주술의식의 일환으로 생식기능을 강조한 여성 조각을 빚었다는 의미입니다.

◆ 그렇군요. 그런 구석기 시대 여성 조각을 무엇이라고 부르는지요?

비너스(Venus)라고 부릅니다. 영화에서 오마쥬(Hommage)라고 하죠. 프랑스어 존경이라는 단어인데. 존경하는 감독의 작품에서 특정 부분을 따서 재현하는 기법을 가리켜요. 고대 그리스로마 미의 여신, 아름다움을 상징하는 여신 비너스 이름을 오마쥬해서 선사시대 여인 조각을 비너스라고 부르는 겁니다. 대지의 어머니라는 뜻에서 지모신地母神으로 번역합니다.

◆ 구석기 시대 비너스 조각이 여러 지역에서 다양하게 출토되는지요?

4만여년전부터 1만 2천여년 전까지. 구석기 시대 3만여년 동안 비너

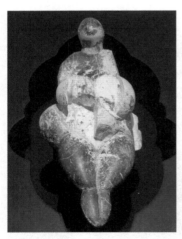

2만7천년전 구석기 시대 비너스. 빠리 인류 박물관

스가 출토돼요. 여성 생식기를 강조한 인체 전신상이 많은 시기를 그라벳기(Gravettien)라고 하는데요. 대략 3만4천년전에서 2만6천년전 사이입니다. 스페인에서 러시아 우랄산맥까지 유럽 전역에서 나타납니다. 이시기 조각의 특징을 전형적으로 보여주는 2개의 조각이 있는데요. 하나는 오스트리아 수도 비엔나 국립 자연사 박물관에 있고요. 다른 하나는 프랑스 서남부의 포도주 명산지죠. 보르도의 아키텐 박물관에 있습니다. 각

각 오스트리아와 프랑스 도르도뉴 지방에서 출토된 2만 9천여년전 그라벳기 비너스입니다. 오스트리아 것은 돌을 입체적으로 깎은 환조 조각이고요. 보르도 것은 절벽 바위동굴에 새긴 부조입니다. 둘 다 이목구비 없이 풍만한 가슴과 엉덩이, 여인 생식기만 묘사해요. 두 박물관 말고도 러시아 모스크바 역사박물관이나 파리 인류박물관등을 탐방하면서 여러 비너스를 확인했는데요. 여인의 몸을 신성시했다는 점을 분명히 알 수 있죠. 우리나라에서 아직 구석기 시대 비너스는 출토되지 않았습니다.

7천5백년전 신석기 비너스. 앙카라 문명박물관

◆ 신석기 시대에도 비너스 조각이 나오는지요?

신석기 시대는 1만 2천여년전부터 시작되잖아요. 농사를 짓고, 토기를 만들며 석기를 정교하게 갈아 사용하는데요. 비너스 문화가 더 확장됩니다. 농사는 땅에 씨를 뿌려 수확하는 것이니 무에서 유의 생명을 창조하는 여인의 이미지와 잘 접목돼요. 터키의 수도 앙카라 아나톨리나 문명 박물관이나, 그리스 아테네 고고학 박물관, 파리 루브르에 가면 신석기 시대 비너스 조각을 풍부하

6천5백년전 신석기 비너스. 아테네 고고학 박물관

중국 신석기 비너스.. 적봉 출토. 북경 국가 박물관

게 접해 볼 수 있습니다. 메소포타미아와 아나톨리아, 에게해가 신석기 농사 문명의 발원지잖아요. 신석기 시대 비너스는 우리나라에도 있어요. 울산 신암리에서 한 점 발굴돼 국립중앙 박물관에 전시 중이에요. 일본에서는 여러 점 출토되고요. 중국에서도 비너스 조각이 출토됩니다. 대만 고궁박물관, 중국 내몽골 적봉박물관 등에 가면 여러 형태의 비너스를 볼 수 있습니다. 선사시대 여성의 신체를 주술 대상으로 삼았다는 것은 여성의 지위가 높았다는 것을 의미한다고 추정해 볼 수 있습니다.

◆ 그럼 비너스를 통헤 풍요와 번영을 기원하는 문화가 언제 바뀌는지요?

문자를 만들고 역사시대로 접어든 뒤에요. 청동기 시대가 무르익으면서 남성 조각으로 대체됩니다. 그 남성은 권력자로 왕이나 제사장입니다. 정치 권력, 체계화된 종교 권력이 등장하면서 비너스는 사라집니다. 이때는 문자 시대이기 때문에 조각에 이름까지 붙입니다. 문자로 기록하는 역사시대 이후 대지의 여신으로 비너스 조각은 사라지고, 그와 함께 여성의 지위도 퇴보한 것이라는 가설을 세워볼 수 있습니다.

울산 신암리 출토 비너스. 국립 중앙 박물관

비키니...
로마시대 비키니 입고 비치발리볼?

방송 2022.8.5.

비키니는 여름바다의 상징이라고 해도 과언이 아닐텐데요. 태평양의 마샬 군도 북위 11도 지점에 비키니 환초環礁(Bikini Atoll)가 있습니다. 산호가 죽어서 쌓여 생긴 섬인데, 가운데가 고리처럼 뚫려 환초라고 부르는 거죠. 이 비키니 환초를 미국이 1946년부터 핵실험 장소로 활용했는데요. 핵폭탄만큼 충격적이라고 해서 붙인 이름이 비키니 수영복입니다. 비키니의 역사로 거슬러 올라갑니다.

◆ 비키니 수영복은 언제 처음 등장한 것인가요?

네. 수영복으로 비키니는 2차 세계대전 뒤인 1946년 프랑스에서 등장했습니다. 패션의 나라 프랑스에서 수영복의 위아래 그러니까 상반신과 하반신을 연결하는 부분을 없앤 거예요. 원피스 수영복에서

로마시대 비키니 모자이크 전경. 4세기. 시칠리아 피아짜 아르메리나

로마시대 비키니 입은 여인들이 공을 치는 하르파스툼 모자이크. 4세기. 시칠리아 피아짜 아르메리나

투피스 수영복으로 바꾼 거죠. 루이 레아르와 자끄 아임이라는 사람이 디자인했고요. 이런 비키니 수영복을 처음 입은 모델은 베르나르디니라는 여성이었는데요. 무려 5만통의 팬레터를 받았다고 합니다. 그만큼 선풍적인 관심을 모았지요.

◆ 비키니 수영복이 곧바로 대유행하나요?

그렇지 않습니다. 여성의 신체를 드러낸다는 것이 당시만 해도 용인되기 쉽지 않은 분위기였거든요. 1951년 국제 여성 미인선발대회가 비키니 수영복 심사를 도입했다가 그 이듬해 바로 철회해요. 이브닝 드레스 심사로 바꿨어요. 미국에서는 키작은 프랑스 여인들이 키를 크게 보이려고 입는 거다. 이렇게 혹평하면서 비키니를 외면했답니다. 1940년대 미국 여자 수영선수이자 배우 에스더 윌리엄스는 비키니가 경솔한 짓이라고 깎아내렸습니다. 보수적 문화가 강한 카톨릭 국가 스페인과 이탈리아에서는 법으로 금할 정도였습니다.

◆ 비키니가 대중에게 인기를 얻기 시작한 것은 언제인지요?

유명 여배우죠. 프랑스의 브리지뜨 바르도가 프로방스 지방 지중해안 생 트로페 등지 해변에 입고 다니면서 대중의 인지도가 높아져요. 특히, 1953년 프랑스 칸느 영화제에 브리지뜨 바르도가 비키니를 입고 등장하고요. 1956년 영화 '신은 여자를 창조했다'에서 입은 뒤 널리 퍼진 것으로 알려져 있습니다. 스위스 출신의 여배우 안드레아 우르술라가 1962년 숀 코네리 주연 '007 본드시리즈' 1편 「닥터 노」에서 본드걸로 나오며 비키니를 입은 것도 비키니 확산의 계기가 됩니다. 이후 미국 포르노 잡지 '플레이보이'에 1962년 비키니 차림이 처음 등장해요. 2년뒤 1964년 '스포츠 일러스트레이티드'에 등장하고요. 1960년대 중반부터 미국의 일반 대중에게 비키니가 본격적으로 퍼져 나갑니다.

◆ 비키니가 2차 세계대전 뒤가 아니라 훨씬 오래전에 등장한 것이라고요?

로마시대 요즘 비키니와 똑같은 옷이 있었어요. 이탈리아 시칠리아 섬으로 가면요. 중부 내륙 산간 지역에 자리한 시골마을 피아짜 아르메리나(Piazza Armerina)가 나와요. 울창한 숲 사이로 로마시대 카잘레(Casale)빌라가 숨어 있는데요. 카잘레 빌라 바닥 3천 5백㎡에 모자이크가 깔려 있어요. 모자이크는 다양한 색을 가진 대리석을 크기 1-5mm로 잘게 잘라 다양한 풍습이나 신화, 역사적 내용을 바닥에 설치한 예술품이에요. 4세기 초 서로마 황제 막시미아누스의 별장으로 추정하는 학자가 많습니다. 이 빌라 바닥 모자이크에 비키니를 입은 여성들이 다수 등장합니다.

◆ 로마시대 여인 비키니라니 놀라운 데요. 당시에도 비키니라고 불렀는
지요?

이름은 다릅니다. 아래 팬티를 수불리가쿨룸, 위에 끈 없는 브레지어를
스트로피움이라고 불렀습니다. 스트로피움과 수불리가쿨룸은 있지만, 합
쳐진 말은 없는 거죠. 위에 입는 스트로피움은 여성 전용이지만요. 팬티
수불리가쿨룸은 남성도 입었어요. 로마시대 영화를 보면 검투사들이 삼
각 팬티를 입고 검투하는 모습을 볼수 있죠. 수불리가쿨룸입니다.

◆ 카잘레 빌라 비키니 모자이크에 비치발리볼 풍경도 있다고요?

비키니만 해도 놀라운데, 비치발리볼에서는 눈이 휘둥그레 집니다. 2명
의 비키니 차림 여인이 알록달록한 공을 머리 위에서 치는 장면이 담겼어
요. 비치발리볼은 남아메리카 어느 해변에서 1970년대 이후 생긴 것으로
추정되는데요. 로마시대 비슷한 경기가 있었던 것이지요.

◆ 로마시대에도 비치발리볼이라고 불렀나요?

하르파스툼입니다. 해변도 아니고요. 대형 목욕탕의 야외 운동장인 팔

로마시대 하르파스툼 모자이크. 4세기. 시칠리아 피아짜
아르메리나

레스트라에서 펼쳐졌습니다.
로마시대 목욕탕은 남녀 분
리 원칙이 무너지는 경우가
많았어요. 남녀 혼탕이 흔했
다는 것이지요. 이 목욕탕에
서 여성들이 비키니를 입고,
작은 공을 머리 위로 높이 쳐
올리는 공놀이 하르파스툼을

즐겼던 겁니다.

◆ 그렇군요. 그런데, 이런 비키니 문화가 왜 사라진 것이지요?

네. 두 가지 요인이 있는데요. 하나는 기독교의 보급입니다. 여성들이 밖으로 나와 목욕을 즐기고 옷차림도 분방하게 할 수가 있었지만, 기독교 사회로 접어들면서 엄숙하고 단정한 문화가 자리잡았죠. 두 번째 목욕문화 퇴조입니다. 476년 서로마 제국이 멸망하고 서유럽 사회를 장악한 게르만족에게는 목욕문화가 없었어요. 이렇게 5세기 말 이후 사라진 비키니 문화가 1천 600여년 지나 2차 세계대전 뒤 다시 등장해 21세기 여름 바다의 상징처럼 된 거죠.

로마시대 하르파스툼 장면 재연 조각. 영국 바스 로마목욕탕 박물관

8

여성인권...
일처다부제 금지로 시작된 법의 역사

방송 2022.7.22.

7월 17일은 제헌절이죠. 1948
년 5월 10일 총선거에서 뽑힌
200명의 제헌의회가 1948년 7월
12일 헌법을 제정했어요. 그리고
5일 뒤, 7월 17일 반포해 제헌절
로 삼았습니다. 우리 현생인류를
호모 사피엔스라고 부르는데요.
유골 발굴 장소인 프랑스 크로마

우르카기나 왕 개혁 법안 점토판. B.C2350년경. 이
스탄불 고고학 박물관

뇽 동굴을 따서 크로마뇽인이라고도 부르는데요. 지금부터 16-17만여년
전 아프리카 동부에 등장한 현생인류 호모 사피엔스, 즉 크로마뇽인이 언
제부터 법을 만들었을까요? 그 법의 내용은 무엇이었을까요?

◆ **인류 역사를 통해서요. 맨 처음 법이 등장한 것은 언제 어디서인가요?**

　기독교를 공인한 콘스탄티누스 대제가 324년 노바 로마(NOVA
ROMA, 새로운 로마)로 명명했다가 330년 자신의 이름을 따 콘스탄티노플
(Constantinopolis)로 문패를 바꿔 단 역사고도가 이스탄불인데요. 보스포러

스 해협과 마르마라해가 3면을 감싸는 사라이부르누, 일명 궁전 곶(Palace Cape)이라는 지역에 역사 유적이 밀집해 있습니다. 여기에 1453년 비잔틴 제국을 무너트린 오스만 튀르키예(돌궐족)의 토카프 궁전이 자리해요. 하렘의 전설을 피워내는 토카프 궁전에 이스탄불 고고학 박물관이 붙어 있습니다. 트로이 유물, 철기 문명의 주역 히타이트 유물, 고대 메소포타미아 지역 희귀유물이 즐비한데요. 그 가운데 눈길을 끄는 쐐기문자 점토판이 있어요. 메소포타미아 문명을 처음 일군 수메르인의 라가시 왕국 우르카기나 왕 개혁법의 일부입니다. 만들어진 시기는 B.C2350년경이에요. 단군 할아버지보다 조금 더 오래됐죠.

◆ 단군보다 오래된 법전이 남아 있군요. 그 법전의 주요 내용은 무엇인가요?

네. 유구한 법의 역사도 믿기지 않을 정도지만, 더 놀라운 것은 법전의 내용인데요. 우크라이나 출신의 메소포타미아 연구 권위자로 인정받는 크라메르 교수가 1964년 이 쐐기문자 점토판을 해독했어요. 그 결과 여성 1명이 여러 남자를 거느리고 사는 일처다부제 금지내용이 들어 있었습니다. 『여인의 방(The Women's Room)』으로 널리 알려진 미국의 페미니스트 작가 프렌치는 이 법안에 좋은 점수를 주지 않습니다. 2008년에 나온 『저녁에서 새벽까지:여인의 역사(From Eve to Dawn: A History of Women)』에서 프렌치는 여성인권의 퇴보를 기록한 첫 문서라고 평가합니다.

◆ 우르카기나 개혁법안 이후 다른 법전에서도 여성인권 관련 조항들이 발견되나요?

네. 메소포타미아에서 우르카니나 왕 개혁법안에 이어 B.C 2100-B.

우르남무왕 법전 점토판. B.C 2100년경. 이스탄불 고고학 박물관

C2050년 경 수메르의 우르남무왕 법전이 편찬됩니다. 이라크의 고대 수메르 도시 니푸르에서 출토됐는데요. 우리카기나왕 개혁 법안처럼 이 쐐기문자 점토판 역시 현재 이스탄불 고고학 박물관에 소장돼 있습니다. 이 법전도 크라메르 교수가 1952년 해독했는데요. 내용을 보면요. 남을 죽이거나 도둑질을 하면 사형에 처한다는 규정이 있고요. 다음과 같은 흥미로운 조항이 나옵니다. "만약 유부녀가 다른 남자와 잠자리를 같이 하면 그 여인을 죽이고, 남자는 처벌하지 않는다." 페미니스트가 아닌 누가 봐도 불공평한 조항이 아닐 수 없죠. 더구나 남자가 과부와 결혼 계약 없이 잠자리를 가질 때 대가를 지불하지 않아도 된다는 조항은 남성 권력 시대로 확실히 접어들었음을 보여줍니다. 페미니스트들이 여성인권 퇴보 법안이라고 분노할만 하죠.

◆ 우르남무왕 법전 이후의 법전에서는 어떻습니까?

B.C 1930년 경 에쉬누나 법전은 티그리스 강변에 있던 고대 도시국가 에쉬누나의 법전인데요. 1921년 영국의 보호국으로 독립한 이라크왕국의 발굴팀이 수도 바그다드의 텔 하부 아말 지구에서 발굴했어요. 앞선 두 법전이 메소포타미아 문명 초기 주인공인 수메르인들의 법전이라면 에쉬누나 법전은 수메르인들을 몰아내고 등장한 아카드인의 법전이지요. 에쉬누나 법전에 이어 B.C1870 경 리피트-이슈타르 법전이 나왔어요. 이어 함무라비 법전(Code of Hammurabi)이 B.C 1772년 경 등장합니다.

◆ 그렇군요. 함무라비 법전에도 여성인권 관련 조항이 있나요?

있습니다. 20세기의 문을 열며 1901년 프랑스 이집트 학자 제뀌에가 이란의 수사에서 출토한 함무라비 법전은 파리 루브르 박물관에 소장중인데요. 높이 225㎝의 검은색 섬록암의 비석형태로 만들어졌어요. 기존에 소개한 4개의 법전이 점토판인데 비해 함무라비 법전은 대형 비석입니다. 서문과 282개 법조항이 셈족 아카드어 쐐기문자로 새겨져 있어요. 마모된 부분을 빼고 246개 조항이 해독됐습니다. "눈에는 눈"이라는 가혹한 법으로 알려져 있지만, 아녀자와 어린이를 보호하는 내용이 담겨 있는등 애민정신도 돋보이는 법전입니다. 하지만, 역시 여성들에게는 불평등한 조약이 담겨있어요. 간통시 여성은 사형에 처하지만, 남자는 그에 비해 처벌 수위가 한결 낮거든요.

함무라비 법전. 점토판본. B.C1750년경. 이스탄불 고고학 박물관

◆ 그럼 함무라비 법전의 전통이나 여성 차별 조항이 다른 문화권으로도 계승되는지요?

인류역사 첫 철기문화의 주인공인 히타이트인들은 B.C 17세기 아나톨리아 그러니까 오늘날 튀르키예 중부에 국가를 건설하는데요. B.C 1650년 경 하투사를 수도로 삼고, B.C14세기 국력을 절정으로 발전시켰는데요. 히타이트 최초의 법전은 네실림 법전(Code of the Nesilim)입니다. B.C1600년 전후 만들어진 것으로 추정됩니다. 해독된 200개 조항 가운데 성범죄 관련 조항이 14개나 되는 점이 눈길을 끌어요. 역시 여성들이 차별

받는 내용이 나옵니다. 메소포타미아의 최초 법전에서부터 이어지는 여성인권 퇴보 경향을 확인할 수 있습니다.

◆ **우리가 서양문화의 원류로 생각하는 그리스로마에서 법제정과 여성인권은 어떻습니까?**

네. 현대 지구촌 문화에 다방면으로 큰 영향을 미친 그리스에서는 B.C621년 첫 성문법이 등장합니다. 드라콘 법전인데요. 강력한 법치를 통해 아테네 사회를 안정시키고 평민의 권리 확대를 도모했습니다. 로마 역시 법 제정은 평민의 권리 신장과 연결돼요. B.C509년 공화정으로 전환한 로마에서 평민들이 실질적으로 권리를 확보해나가기 시작한 것은 B.C474년 호민관을 평민 손으로 선

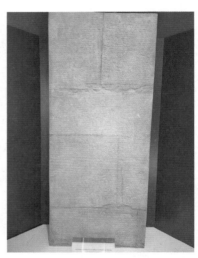

그리스 고르키스 법전. B.C470. 복제품. 아테네 비석문자 박물관

출하면서부터인데요. 이후 법에 의해 일반시민의 권리가 보장됨을 알리기 위해 B.C 450년경 법전을 동판에 새겨 광장인 포럼에 설치했습니다. 로마 사회 최초 성문법인 12표법입니다. 그리스 로마 시기 모든 참정권과 시민권을 18세 이상의 남성으로만 국한시켰어요. 여성인권이 심각하게 차별받은 거죠.

클레오파트라...
블랙워싱과 금발의 이집트 여왕

방송 2023.5.12.

세계적으로 많은 구독자를 확보하고 있는 OTT 업체 넷플릭스. 「오징어 게임」, 「수리남」 같은 영화 뿐 아니라 다큐멘터리 「나는 신이다」도 큰 반향을 불러일으켰는데요. 5월 10일 다큐멘터리 「클레오파트라」를 공개했어요. 그런데 흑인 연기자 아델 제임스를 클레오파트라 역할로 캐스팅했습니다. 아름다움과 여성 권력이라는 측면에서 지구촌에 널리 알려진 다문화 코드 가운데 하나 클레오파트라를 흑인으로 캐스팅해 벌어지는 논란 속으로 들어가 봅니다.

◆ 아프리카 이집트 여왕 클레오파트라 역을 흑인이 맡는 게 왜 문제냐고 생각할 수도 있는데요.

일단 이집트는 아프리카이지만, 흑인의 나라가 아니에요. 피부가 희지는 않지만, 백인종에 속하고요. 무엇보다 클레오파트라 시대로 거슬러 올라가면요. 상황이 완전히 달라지는데요. 클레오파트라가 살았던 B.C1세기 이집트 왕조는

클레오파트라 동전 조각. B.C1세기. 대영박물관

클레오파트라 동전 조각과 뒷면의 독수리. B.C50년경. 대영박물관

요. 북아프리카 토착의 베르베르 족도 아랍민족도, 이전에 침략했던 페르시아인도 아니었어요. 그리스인입니다. 흰 피부에 금발의 백인이에요. 그러니까, 흑인 여성을 클레오파트라 역할로 캐스팅하는 것은 넌센스죠.

◆ **헐리우드 제작 영상물들의 역사 인물 캐스팅이 논란을 빚는 것은 이번만이 아니죠?**

그렇습니다. 클레오파트라 영화의 원조라고 할수 있죠. 「클레오파트라」 1967년 작인데요. 여주인공 엘리자베스 테일러가 여기에서 검은 머리의 클레오파트라 여왕 역할을 맡았어요. 물론 엘리자베스 테일러는 백인이니까 피부색은 문제가 안됐는데요. 머리가 문제였죠. 엘리자베스 테일러가 금발은 아니거든요. 영화에서 클레오파트라는 검은 머리로 분장했어요. 이건 실제와 다르죠. 2004년 나왔던 영화 [알렉산더]요. 여기에서

클레오파트라 조각. 이집트 파라오 스타일. B.C1세기. 상트페테르부르크 에르미타쥬 박물관

알렉산더의 첫 번째 부인이죠. 현대 우즈베키스탄인데요. 당시 소그드 지방이라고 불렀어요. 페르시아 제국의 소그드 지방 영주 옥시아르테스의 딸 록사나와 알렉산더가 결혼합니다. 알렉산더의 첫 결혼이자 알렉산더의 유일한 혈육을 출산한 여인입니다. 이 록사나 역을 흑인, 로사리오 도슨이라는 여배우가 맡았어요. 왜곡이

죠. '빛나는 아름다움'이란 뜻의 록사나는 전형적인 이란계열 백인 여성입
니다.

◆ 원래 흑인이 아닌 인물이나 대상을 흑인으로 바꾸는 블랙워싱이 갈수
   록 심화되는 것 같아요.

그렇습니다. 2006년 개봉한 영화 「300」이요. 식스팩 신드롬을 낳았던
영화죠. 여기에 등장하는 페르시아 제국 왕 크세르크세스 1세를 역시 흑
인으로 분장시켰어요. 배역은 백인입니다. 브라질 출신의 호드리구 산토
루인데요. 백인입니다만, 영화에서 기괴한 차림의 흑인으로 묘사돼요. 페
르시아는 이란인데요. 이란 사람은 금발은 아니지만, 같은 백인이죠. 이
외에도 로마의 검투 영화나 검투 드라마를 보면 흑인 검투사가 나오잖아
요. 로마 시대 흑인 검투사는 있을 수 없는 허구입니다. 그때 노예는 흑인
이 아니라 로마에 패한 유럽의 백인 민족이에요. 심지어 덴마크의 인어공
주를 흑인으로 바꾸는 일도 벌어지는데요. 이런 블랙워싱(Black Washing)은
상업성이 낳은 결과라고 봅니다. 영상물 소비자 가운데 흑인 인구가 무시
하지 못할 만큼 많은 데다, 극적 흥미를 더 높일 수 있으니까요.

◆ 그리스인이 어떻게 아프리카 이집트를 지배하며 왕조를 세운 것인가요?

주역은 알렉산더입니다. B.C 334년 알렉산더가 페르시아 정벌을 떠나
죠. 올림포스 12신이 산다고 그리스인들이 믿는 올림포스 산 아래 디온이
라는 곳에서 출정식을 갖고 원정을 떠난 알렉산더가요. 이듬해 B.C 333년
터키 남부지역, 시리아 접경지대 이수스요. 여기서 페르시아 다리우스 3
세가 이끄는 페르시아군을 크게 이깁니다. 이어 지중해 동안 페니키아 지
방을 정복하고, 이어 가자 지구를 거쳐 꿈의 이집트에 B.C332년 무혈입성

합니다. 고대 그리스인들에게 이집트는 엘도라도 같은 나라였어요. 부유하고 기후조건이 좋아 살기 적합한 지역이요. 페르시아가 정복해 지배하던 땅이었는데, 이제 지배자가 그리스로 바뀐 겁니다.

알렉산더 조각. 대영박물관

◆ **이집트에 온 알렉산더가 이집트의 왕이 돼 직접 통치하나요?**

알렉산더는 자신을 올림포스 12신의 최고신 제우스의 아들로 생각했어요. 이집트의 태양신 아몬과 제우스를 동일신으로 보고 아몬의 아들이기를 바랐어요. 이집트 서부 리비아 국경에 있는 시와 오아시스의 아몬 신탁소를 그리스 파르나소스산 델피(델포이) 신탁소 만큼이나 영험한 곳으로 여겼죠. 알렉산더가 시와 아몬 신전에 단독으로 들어갔다 나왔는데, 이 때 신관들이 알렉산더를 아몬의 아들로서 이집트의 파라오라고 선포합니다. 겁먹은 신관들의 자발적인 헌사인지, 아몬의 감응인지는 알 수 없지요. 갈망하던 '신의 아들'이란 신탁에 고무된 알렉산더는 고대 이집트 역사 도시 멤피스로 가 성대한 아몬 행사를 개최하고요. 이집트 파라오로 등극합니다. 이 무렵 다리우스 3세가 대군을 모집해 알렉산더를 친다는 소식이 전해져요.

◆ **다리우스 3세가 이집트로 쳐들어 오나요?**

알렉산더가 기다릴 인물이 아니죠. 다리우스 3세가 있는 오늘날 이라크 땅 티그리스 강변의 모술 지역, 당시 과가멜라로 가요. 다리우스 3세 군대를 궤멸시킵니다. 도주한 다리우스 3세는 박트리아 총독이자 4촌인 베수

스에게 암살당하고요. 알렉산더는 B.C 330년 베수스를 처단한 뒤, 이집트
에 이어 페르시아의 왕이라고 선언합니다. 이어 아직 항복하지 않은 페르
시아 지역 완전정복을 위해 소그드 지방으로 가요. 우즈베키스탄이죠. 여
기서 B.C 327년 성주 옥시아르테스의 딸 록사나와 결혼한 뒤, 장인을 현
지 총독으로 삼고 인도를 점령하러 가요. 그러나 인더스 강에서 진군을 중
단하고 B.C325년 철군해 메소포타미아에 머물러요. B.C323년 북아프리
카 원정을 앞두고 바빌론에서 사망합니다. 33살입니다.

◆ 알렉산더가 33살이라는 젊은 나이에 죽고 광활한 영토는 어떻게 되는
   지요?

알렉산더의 부하 장군들이 서로 후계자 디아도코이(Diadochoi)를 자칭
하며 다투는데요. 갈등의 기간이 무려 50여 년 지속됩니다. 장군들과 그
자식들까지 전쟁이 이어져요. 장군들의 피비린내 나는 내전 끝에요. B.C
281년에 쿠르페디온 전투를 마지막으로 알렉산더 유산정리가 마무리됩
니다. 제국이 4개 지역으로 분할돼요. 마케도니아, 시리아, 이집트, 페르
가몬입니다. 이집트를 차지한 장군이 프톨레마이오스 장군이고요. 프톨
레마이오스 장군은 이미 B.C323년 알렉산더 사후 이집트 총독이 됐어요.
B.C305년 이집트 왕을 선언한 상태였지요.

◆ 프톨레마이오스 1세는 현지인과 결혼하지 않았나요?

프톨레마이오스 장군은 이집트 총독이 되자마자 정통성 확보를 위해 토
착 이집트 30왕조의 마지막 파라오 넥타네보 2세의 딸과 B.C 322년 결혼
합니다. 하지만, 2년 뒤, B.C 320년 당시 마케도니아 실권자인 제국 섭정
안티파트로스의 딸 에우리디케와 재혼해요. 이집트 여인은 아이를 낳지

프톨레마이오스 1세 조각. 루브르 박물관

못하고 뒷방으로 밀린 거죠. 에우리디케와 4명의 자식을 두는데요. 글쎄 에우리디케의 시녀인 과부 베레니케와도 3명의 자식을 더 봅니다. 이집트 여인을 밀어냈던 에우리디케는 시녀 베레니케에게 자리를 내줘야 했어요. 84살을 살았던 프톨레마이오스 1세는 제위 말년 10여명의 자식 가운데 베레니케가 낳은 아들을 공동 파라오 프톨레마이오스 2세로 삼고 제위를 물려줍니다. 순수 마케도니아 혈통이죠.

◆ **프톨레마이오스 1세의 후손이 클레오파트라이군요.**

그렇습니다. 프톨레마이오스 1세의 자손들이 왕위를 이어 이집트를 통치하는데요. 왕실은 그리스 마케도니아 출신, 국민은 토착 이집트인. 2원 구조가 300년간 이어졌어요. 자식들은 주로 이복형제와 결혼하는 철저한 족내혼을 유지하거나 시리아의 셀레우코스 왕조 구성원과 통혼했어요. 시리아는 과거 페르시아 제국 영토 대부분을 차지한 거대 국가였는데요. 알렉산

프톨레마이오스 1세 조각. 이집트 파라오 스타일. 대영 박물관

더의 부하 장군이던 셀레우코스 장군이 세운 나라였죠. 프톨레마이오스 장군의 8대손이 클레오파트라입니다. 클레오파트라는 프톨레마이오스 왕조에서 왕비 이름으로 사용했어요. 클레오파트라는 엄밀히 클레오파트라 7세입니다. 100% 그리스계 백인입니다.

10

엘리자베스 2세...
바이킹 출신 영국왕실

방송 2022.10.21.

　　2022년 10월 영국 엘리자베스 2세 여왕이 서거했는데요. 1926년생이니 96세였습니다. 엘리자베스 2세는 1952년 왕위에 올랐어요. 70년 동안 왕좌를 지켰습니다. 당나라 시인 두보는 인생칠십고래희人生七十古來稀를 읊었잖아요. 70살 살기도 드문 일인데, 70년간 왕의 자리에 있었으니... 유

배틀 수도원. 1066년 노르망디공 윌리엄의 영국 정복 전투 현장

럽대륙의 강대국이던 러시아, 프랑스, 독일, 오스트리아의 왕정이 모두 붕괴됐는데요. 21세기 민주주의 시대에도 굳건한 영국 왕실의 역사를 들춰봅니다.

◆ 현대 영국 왕실의 기원은 언제로 거슬러 올라가나요?

도버해협의 도버에서 남쪽 해안을 따라 내려가면 헤이스팅스라는 해안 도시가 나오는데요. 여기서 수도 런던 방향으로 11㎞ 지점에 배틀(Battle)이라는 도시가 나와요. 인구 7천 명 남짓이니 우리로 치면 면소재지 정도죠. 고풍스러운 수도원이 자리해 적지 않은 탐방객들이 찾는 곳이에요. 배틀(Battle, 전투)이란 말에 답이 들어 있어요, 어떤 전투가 펼쳐졌을까요? 1066년으로 거슬러 올라가요. 배틀과 헤이스팅스 바다 건너 땅이 프랑스 노르망디예요. 프랑스어로 노르(Nord, 북쪽) 사람들의 땅입니다. 덴마크 일

바이외 타피스리. 바이킹 전투 장면. 바이외

대에 살며 배 타고 각지로 장사를 하러 다니던 민족을 바이킹(Viking)이라 부르잖아요. 그 바이킹이 911년 정착한 땅인데요. 911년 노르망디 공작이 된 롤로의 후손인 7대 노르망디 공작 기욤이 1066년 영국으로 쳐들어간 겁니다.

◆ 바이킹이 승리해 영국왕실을 장악하는 것인가요?

기욤이 노르망디에서 바다 건너 상륙한 곳이 헤이스팅스입니다. 그의 부대는 11㎞ 북쪽 지점에서 대항하던 앵글로 색슨계열 영국왕 해롤드의 군대를 궤멸시켰어요. 이어 영국왕에 올랐습니다. 영국에서 그를 정복왕 윌리엄(William the Conqueror)으로 부릅니다. 현 영국 왕실의 시조입니다. 승리한 전투현장은 배틀(Battle) 이름표를 달고, 지금까지 탐방객을 맞습니다.

◆ 정복왕 윌리엄의 영국 정복과 관련된 유적이 있는지요?

윌리엄이 런던에 남긴 유적은 템즈강 북단 화이트 타워(White Tower)입니다. 런던 탑(Tower of London)이라고도 하고요. 로마 시대 성벽 옆에 건축된 이 성은 군사 요충이자 영국 통치의 거점이었습니다. 윌리엄은 비록 영국왕이 됐지만, 고향 땅 노르망디에 묻혔어요. 2차 세계 대전 기간중 1944년 노르망디 상륙작전으로 잘 알려진 노르망디는 세느강 하류의 비옥한 평야지대입니다. 노르망디 소도시 바이외에 진귀한 보물이 보관돼 있어요. 바이외 타피스리(Tapisserie de Bayeux)랍니다.

◆ 바이외 타피스리에 1066년 영국 정복과정이 담겨 있나요?

그렇습니다. 타피스리는 천으로 만든 장식용 휘장을 가리켜요. 바이외 타피스리는 폭 50㎝에 길이 70m로 폭은 좁지만, 굉장히 깁니다. 여기에 노르망디 바이킹들이 1066년 나무를 베 배를 만들고, 영국에 상륙해 전투를 치르며 승리 연회를 여는 장면이 고스란히 담겼습니다. 윌리엄부터 죽은 색슨족 영국왕 해롤드 등 많은 인물이 등장해요. 모두 58장면에 바이킹의 모습을 생생하게 묘사한 이 유물은 정복 몇 년 뒤 영국에서 제작된 것으로 추정됩니다. 그런데 왜 이 유물이 바이외에 있을까요? 이를 제작한 인물은 윌리엄의 동생인 오도(Odo)인데요. 오도는 윌리엄과 아버지가 다른 동복 동생입니다. 윌리엄이 동생을 1049년 바이외 주교로 임명했습니다. 비록 주교였지만, 오도는 최고의 바이킹 전사요, 행정가였어요. 영국 왕실과 노르망디 공작령의 권력서열 2인자이던 오도가 영국정복이라는 기념비적 사건을 바이외 타피스트리에 담았고, 자신의 거점인 바이외로 가져왔을 것으로 보입니다.

◆ 정복왕 윌리엄 이후 영국 왕조 역사는 어떻게 전개되나요?

윌리엄이 대략 1만여명 안팎의 군사로 영국을 정복한 이후 특이한 역사가 펼쳐졌어요. 프랑스에서 프랑스 왕의 신하인 노르망디 공작이 영국의 왕이 됐으니 말입니다. 윌리엄이 영국에 문을 연 왕조를 노르만 왕조(1066-1141)라고 부르는데요. 이 노르만 왕조에 이어 헨리 플랜태저넛 왕조(1154-1399)가 이어져요. 이름만 바뀌었을뿐 윌리엄의 후손으로 이어지는 왕조입니다. 헨리 플랜태저넛 왕조가 랭카스터와 요크 왕가로 나뉘고 두 왕가가 장미전쟁을 치러요. 전쟁에서 승리한 랭

헨리 7세. 튜더 왕조를 엶. 엘리자베스 1세의 할아버지. 런던 국립 초상화 박물관

카스터 가문이 튜더왕조(1485-1603)를 열었어요. 혈통으로는 윌리엄의 후손입니다. 튜더왕조의 왕으로 이름 높은 이가 이혼문제로 로마 카톨릭에서 영국 기독교를 분리시킨 헨리 8세입니다. 그의 딸이 엘리자베스 1세고요. 결혼하지 않았던 엘리자베스 1세가 1603년 세상을 떠나면서 후임 영국왕은 누가 됐을까요? 튜더 왕조의 직계 적손이 끊겼는데요. 대신 엘리자베스 1세의 고모. 그러니까 헨리 8세의 누나 마가렛 튜더가 스코틀랜드 왕실로 시집 가 얻은 손녀딸 메리의 아들 제임스가 영국 왕위를 상속받았습니다. 스코틀랜드 제임스 6세, 영국왕 제임스 1세입니다. 제임스 1세에서 시작된 스튜어트 왕조(1603-1714)는 제임스 1세의 증손녀 앤여왕

헨리 8세. 런던 국립 초상화 박물관

스튜어트 왕조 제임스 1세. 런던 국립 초상화 박물관

이 1714년 적손 후계자를 남기지 못하고 죽으며 막을 내렸습니다. 왕위는 제임스 1세의 손녀이자 앤여왕의 왕고모인 소피아의 아들 조지 1세로 넘어갔습니다. 죽은 앤 여왕의 5살 위 6촌 오빠예요. 조지 1세는 영어를 할 줄 몰랐습니다.

스튜어트 왕조 찰스 1세. 런던 내셔널 갤러리 　스튜어트 왕조 찰스 2세. 런던 국립 초상화 박물관

◆ **영어를 할 줄 모르는 사람이 영국왕이 됐다니... 어찌된 영문인지요?**

　독일인이기 때문이에요. 소피아가 독일 하노버 선제후選帝侯 에르네스트 아우구스투스와 결혼해 낳은 큰 아들이거든요. 선제후는 독일어권 국가들 연합체인 신성로마 황제를 선출하는 제후예요. 영국 왕실 이름은 하노버 왕조로 바뀌었어요. 조지 1세는 영국왕이자 독일 하노버 선제후 지위를 유지하며 양국의 영토를 소유했습니다. 사실, 앤여왕이 50살로 죽을 때 이복 남동생이 있었습니다. 아버지 제임스 2세가 두 번째 왕비 모데나에게 얻은 왕자예요. 갓난 아이여서 계승하지 못했나요? 27살의 장성

스튜어트 왕조 제임스 2세. 런던 국립 초상화 박물관 　스튜어트 왕조 메리 2세. 런던 국립 초상화 박물관

한 성인이었습니다. 사연은 이래
요. 영국은 신구교간 처절한 갈등
을 겪었는데요. 1688년 명예혁명을
통해 의회민주주의를 확보한 영국
의회는 1701년 왕위 계승법(Act of
Settlement)을 통과시켰습니다. 앤여
왕의 후손이 없을 때 가장 가까운

스튜어트 왕조 앤여왕. 런던 국립 초상화 박물관

신교도 친척이 후임 영국왕이 된다는 법안이에요. 종교 화합을 위한 조치
였습니다. 앤 여왕의 이복 남동생 스튜어트는 카톨릭 신자여서 왕위를 계
승하지 못했습니다. 신교도 독일인 조지 1세가 영국왕이 된 사연입니다.
조지 1세는 영국왕실의 시조 윌리엄이 노르망디에 묻힌 것처럼 고향 하노
버에 묻혔어요.

◆ 19세기 해가 지지않는 나라 영국의 하노버 왕조가 이름을 바꾼다고요?
하노버 왕조의 조지 5세 시절 1914년 독일과 1차세계 대전이 터졌어요.
영국과 독일의 왕실은 친척이었지만, 양국 국민들의 감정은 서로 나빠졌

하노버 왕조 창시자 죠지 1세. 런던 퀸즈 갤러리

하노버 왕조 빅토리아 여왕. 런던 국립 초상화 박
물관

윈저 왕조 창시자 조지 5세. 런던 국립 초상화 박물관

조지 6세. 엘리자베스 2세 부왕. 런던 국립 초상화 박물관

죠. 당시는 민주주의가 확대되면서 왕실도 국민 이미지를 고려하지 않을 수 없는 상황이었죠. 이에 영국 왕실은 하노버 왕조에서 이름을 윈저 왕조로 바꿉니다. 왕조 문패를 바꿔 단 조지 5세의 손녀가 70년 왕위에 머물다 2022년 죽은 엘리자베스 2세입니다. 다문화라고 하는 현대 지구촌 삶의 양식을 낳은 주역 가운데 하나가 영국 왕실이었음을 그 역사를 통해 알수 있지요.

11

엘리자베스 1세...
독신여왕으로 영국을 강대국 반열에

방송 2022.11.4.

인류역사 국제화와 다문화에 큰 족적을 남긴 영국 왕조사와 여왕에 대해 살펴보고 있는데요. 엘리자베스 1세의 치세와 삶을 빼놓을 수 없죠. 엘리자베스 2세가 26살에 여왕이 된 것과 비슷해요. 엘리자베스 1세는 25살에 여왕 자리에 오릅니다. 그리고 평생 독신으로 살며, 영국을 근대 유럽의 강국으로 만들지요. 이는 당시 유럽 최강이던 스페인의 무적함대를 물리친 결과인데요. 엘리자베스 1세의 통지와 사랑, 삶에 대해 살펴보겠습니다.

◆ 엘리자베스 1세가 스페인을 물리친 비결에 걸출한 바다영웅이 있다고요?

네. 엘리자베스 1세의 적재적소 인재등용 원칙에 따라 발탁된 인물을 보려면요. 영국 수도 런던에서 남서쪽 끝자락에 플리머스라는 아름다운 항구도시로 가야 합니다. 시내 중심가에서 동남쪽 바닷가 언덕에 큰 공원이 대서양을 향해 뻗어있는데요. 플리머스 호(Hoe) 공원이라 불러요. 공원 한가운데 높은 받침대 위로 인물 조각이 위용을 뽐냅니다. 영국에서 유럽의 바다를 제패한 위대한 영웅으로 불리는 프랜시스 드레이크(1540년-1596년)랍니다.

1588년 스페인 무적함대를 물리친 1등공신 드레이크 동상. 영국 플리머스

◆ 드레이크가 스페인 무적함대를 물리치나요?

그렇습니다. 1588년 7월 28일로 거슬러 올라가 봅니다. 장소는 영국 도

버항 건너 프랑스 칼레 해상이에요. 유럽
의 해양패권을 놓고 영국과 스페인 함대가
맞붙었습니다. 스페인의 무적함대, 아르마
다(Armada)라고 하죠. 스페인 필리페 2세는
1588년 5월 전함 127척에 해군 8천명, 육군
1만 9천명, 대포 2천문의 무적함대를 조직해
전쟁에 돌입했습니다. 영국본토를 점령해 경
쟁자의 싹을 잘라 버리겠다는 의도였어요.
스페인 무적함대는 그러나, 플리머스 앞바다

프랜시스 드레이크 초상화. 런던 국
립 초상화 박물관

지나 칼레 해상에서 영국 해군의 화공火攻, 불의 공격에 결정적인 패배를 당합니다. 영국 전함은 80척, 병력은 고작 8천여명에 불과했는데요. 더구나, 스페인 함대는 17년 전 1571년 그리스 레판토 해전에서 오스만 튀르키에 해군을 물리쳐 유럽 최강을 확인하며 기세등등하던 터였습니다. 열세를 뒤집고 승리를 일궈낸 주역이 당시 영국함대 부제독 드레이크입니다.

◆ 드레이크는 영국에서는 영웅이지만, 악명높은 해적이었다고요?

영국에 막대한 부를 가져다 줘 엘리자베스 1세가 신뢰한 드레이크. 그에게 부를 빼앗긴 스페인 필리페 2세 입장에서 보면 악명높은 해적인 거죠. 아메리카 각지에서 스페인 선박과 식민지를 약탈했으니까요. 필리페 2세가 해적 드레이크를 잡으려고 내건 현상금은 현재 가치로 880만 달러, 100억원에 달합니다. 드레이크가 승리한 비결은요. 하나예요. 평생 바다 모험에 걸었던 그의 인생 역정이요. 신분에 관계 없이 최고의 바다전문가였던 거죠. 사실 해양 탐험은 스페인이 한참 앞섰잖아요. 콜럼버스 항해에 이어 1522년 마젤란을 후원해 세계 일주를 실현했습니다. 영국은 55년 늦게요. 드레이크가 1577년부터 1580년까지 세

즉위시 엘리자베스 1세 초상화. 런던 국립 초상화 박물관

중년 엘리자베스 1세. 런던 국립 초상화 박물관

노년 엘리자베스 1세. 런던 국립 초상화 박물관

계 일주 항해를 성공시켰어요. 하지만, 후발국 영국에 큰 자신감을 심어주는 전환점이었어요. 엘리자베스 1세는 세계 일주를 성공시킨 드레이크의 공로를 인정해 이듬해 1581년 기사 작위를 내렸어요. 드레이크 덕에 1588년 스페인 무적함대를 궤멸시킨 영국 앞에 장애물은 없었습니다. 1607년 버지니아에 처음으로 죄수들을 보내며 아메리카 개척의 첫발을 내디뎠고요. 이어 1620년 청교도 필그림 파더즈(Pilgrim Fathers) 정착을 계기로 식민지 개척이 본격화돼요. 영국은 해양제국, 해양 부국의 지위를 세워 나갔습니다.

◆ **엘리자베스 1세가 왕이 되기까지 험난한 과정을 거쳤다고요?**

엘리자베스 1세의 아버지는 헨리 8세죠. 스페인 공주 캐더린과 결혼했지만, 엘리자베스 1세의 생모죠. 앤 불린과 결혼하기 위해 로마 카톨릭에서 영국 국교회를 독립시킨 인물입니다. 로마 교황청이 이혼을 허가하지 않았거든요. 엘리자베스가 4살 때 생모 앤이 간통혐의로 처형되면서 불우한 어린 시절을 보냈어요. 더구나, 4살 아래 이복 남동생 에드워드 6세와 17살 위 이복언니 메

에드워드 6세. 헨리 8세 아들. 엘리자베스 1세 이복 남동생. 런던 국립 초상화 박물관

리 1세가 있어 왕이 될 가능성은 극히 낮았습니다. 1547년 엘리자베스가 14살 때 아버지 헨리 8세가 숨지면서 왕위를 계승한 남동생 에드워드 6세가 1553년 15살의 나이로 요절하고요.

메리 1세. 엘리자베스 이복 언니. 런던 국립 초상화 박물관

캐더린. 메리 1세 친모. 런던 국립 초상화 박물관

헨리 8세 여동생의 손녀 제인 그레이가 여왕이 되지만, 9일 만에 밀려나고요. 헨리 8세의 큰 딸 메리가 왕이 됐어요. 외가 스페인 왕실의 영향을 받은 메리는 스페인 관행대로 독실한 카톨릭 신자였어요. 대대적인 신교도 탄압을 벌여 '피의 메리'라는 별칭을 얻었지요. 신교도인데다 왕위 경쟁자로 여겨진 엘리자베스는 1554년 반역 혐의에 연루돼 런던탑에 갇힙니다. 다행히 가택연금으로 수위가 낮아졌지만, 불안한 삶이 이어졌지요.

◆ 이복 언니 메리 여왕이 개인적으로 불우한 삶 속에 일찍 생을 마감하며 왕위에 오른 거죠?

그렇습니다. 메리 여왕이 당대 유럽 최강 스페인 합스부르그 왕가 필리페 2세와 결혼했지만, 후사를 보지 못했어요. 1555년 상상임신이 알려지면서, 39살의 메리 여왕이 더 이상 출산 가능성이 없다는 인식이 퍼졌지요. 당연히 차기 왕위 계승자로 엘리자베스가 주목받았고요. 엘리자베스가 아니면 5촌 조카인 스코틀랜드의 메리가 있었어요. 헨리 8세의 누나 마가렛 공주의 손녀인데요. 메리 여왕은 1558년 42살로 숨지면서 이복동생

앤 불린. 엘리자베스 1세 친모. 런던 국립 초상화 박물관

인 25살의 엘리자베스에게 왕위를 넘깁니다. 스코틀랜드의 메리와 영국왕위를 놓고 경쟁이 펼쳐졌지만, 엘리자베스 1세로 굳혀집니다. 언니 메리의 가혹한 신교도 탄압 정책을 완화해 종교 화합을 도모하고요. 화폐개혁 등으로 경제를 발전시켰어요. 1597년 구빈법을 제정해 영국 빈민정책의 기초를 닦습니다. 셰익스피어라는 걸출한 작가가 영국문학의 금자탑을 쌓은 것도 엘리자베스 1세 치세기입니다.

◆ **내치와 외교에서 혁혁한 업적을 남기는데 결혼을 하지는 않았나요?**

다양한 분야 업적에도 불구하고 독신으로 평생을 삽니다. 왕실에는 치명적이죠. 엘리자베스가 왜 결혼을 하지 않았을까요? 소녀 시절 겪은 성적 괴롭힘이 정신세계에 큰 영향을 미쳤을 가능성이 있습니다. 1547년 헨리 8세가 숨질 때 그의 6번째 왕비이자 임종을 지켰던 왕비는 캐더린 파예요. 그녀가 세이무어 남작과 재혼합니다. 14살의 엘리자베스는 양어머니 캐더린 파 부부와 함께 살았지요. 이 때 후견인이 된 세이무어 남작이 엘리자베스에게 성적 접촉을 시도한 것으로 알려져 있어요. 엘리자베스가 심각한 정신적 충격을 받았겠지요. 이듬해 1548년 캐더린이 출산 도중 숨지자, 세이무어는 15살 엘리자베

제인 세이무어. 에드워드 6세 친모. 런던 국립 초상화 박물관

스와 결혼까지 추진했습니다. 이 상황은 1549년 세이무어가 반역죄로 참수되면서 끝을 맺어요. 곡절 끝에 엘리자베스 1세가 왕이 되면서요. 결혼 문제가 현안으로 떠올랐어요. 구혼행렬은 엘리자베스 1세가 50살, 사실상 할머니가 될 때까지 이어졌지만, 끝내 결혼하지 않습니다.

◆ 엘리자베스 1세가 사랑했던 남자는 없었는지요?

있었습니다. 1살 많은 로버트 더들리라는 남성이에요. 문제는 유부남이었습니다. 1558년 엘리자베스가 여왕이 됐을 때, 더들리는 이미 아내가 있었고요. 병이 깊은 상태였죠. 더들리의 아내가 병으로 죽는다면 엘리자베스와 더들리가 결혼할 가능성이 높았습니다. 마침내 때가 왔어

더들리. 엘리자베스 1세가 사랑한 남자. 런던 국립 초상화 박물관

요. 엘리자베스 1세가 여왕이 된 지 1년만인 1559년 더들리의 아내가 죽은 거에요. 그런데, 여기 문제가 있었어요. 더들리 아내의 사고사입니다. 계단에서 굴러떨어져 죽은 거에요. 더들리가 개입됐을까요? 더들리와 결혼은 이뤄지지 않았습니다. 하지만, 엘리자베스는 이후 더들리를 레스터 백작으로 삼고요. 지속적으로 중책을 맡기며 부와 명예를 안겼습니다. 더들리와 결혼설이 끊이지 않았지만, 실현되지 않아요. 더들리가 1578년 레티스 놀리와 재혼합니다. 신경질적이 된 엘리자베스 1세는 그녀를 평생 미워했다고 합니다.

◆ 사랑에 실패한 엘리자베스 1세에게 외국에서도 구혼을 했을 것 같은
데요.

엘리자베스 1세의 남편감으로
거론된 외국인으로는 오스트리
아 합스부르크 왕가의 카를 2세,
프랑스 앙주공작 앙리 등이 있었
지만, 성사되지 않았습니다. 엘
리자베스는 끝내 후계자도 지명
하지 않았어요. 후계자를 지명하
는 순간 권력의 무게추가 후계자

스코틀랜드 메리 여왕. 헨리 7세 증손녀. 런던 국립
초상화 박물관

에게 옮겨갈 것이란 점을 알고 있었던 거죠. 엘리자베스 1세가 천수를 누
리고 70살에 숨을 거두면서 튜더 왕조는 문패를 내렸습니다. 왕위는 당초
왕위 계승 경쟁자였던 스코틀랜드 메리의 아들인 제임스 1세에게 돌아갔
어요. 엘리자베스 1세에게는 6촌 손자뻘입니다. 스튜어트 왕조가 열린 거
죠. 엘리자베스 1세는 런던 웨스터민스터 사원 왕실 묘역에 안장됐는데
요. 영욕을 함께 했던 이복 언니 메리 여왕과 나란히 묻혀 있습니다. 엘리
자베스 2세는 윈저성에 묻혔고요.

12 엘리노어,
프랑스 왕과 이혼하고 영국왕비로...

방송 2022.10.28.

영국 국회의사당(웨스트민스터 궁)에는 1859년 완공된 높이 96m 짜리 시계
탑이 부속건물로 붙어 있어요, 건축책임자 이름 벤자민을 따 빅벤(Big Ben)
으로 불리다 2016년 엘리자베스 2세 즉위 60주년을 맞아 엘리자베스 탑
(Elisabeth Tower)으로 바뀌었는데요. "신이여 빅토리아 여왕을 구하서소"
라는 문구가 또렷한 시계탑 맞은 편에 말 2마리가 끄는 2두전차 비가이
(Bigae) 조각이 우렁찬 말울음 소리를 냅니다. 영국 여왕의 역사는 여기서
시작됩니다.

✦ 영국 역사 최초의 여왕이 2두전차를 타고 있는 것인가요?

부디카 4두전차 동상. 런던 웨스트민스터

그렇습니다. 말이 끄는 전차 위
에 아름다운 여인이 위풍당당 타
고 있는데요. 영국 국민이 애국가
처럼 사랑하는 연주곡이 있죠. 엘
가의 1900년 「위풍당당 행진곡」
가운데 '영광과 희망의 땅'이라는
곡이 있잖아요. 우렁찬 그 행진곡

이 울려퍼지면 딱 어울릴 이 동상의 여주인공은요. 영국의 명문대학이죠. 케임브리지 대학이 자리한 케임브리지 지역 켈트족 일파 이케니(Iceni) 부족의 여왕 부디카(Boudica)랍니다. 라틴어로는 보아디케아라고 합니다. 켈트족은요. 영국땅에 로마인이 들어오기 이전 살던 민족입니다.

◆ 영국 땅 켈트족 여왕 부디카를 기념하는 이유는 무엇인지요?

부디카는 로마에 저항한 독립투쟁의 상징입니다. 로마가 영국 땅에 처음 발을 내디딘 때는 B.C 55년이에요. 주역은 카이사르입니다. 카이사르는 B.C 54년에도 재상륙했지만, 식민지로 삼지는 못했습니다. 100여년이 흐르고요. 로마 4대 클라우디우스 황제가 43년 영국에 식민속주를 설치하고 지배범위를 넓혀 나갔습니다. 그 과정에 60년 부디카 여왕이 이케니

부디카 항쟁 그림. 콜체스터 박물관

족, 트리노반테스족 등의 연합군을 이끌고 로마에 맞선 겁니다. 부디카 여왕의 저항군은 당시 로마가 건설한 상업중심지 론디니움(런던)을 불사르며 기세를 올렸습니다. 부디카 여왕이 이끄는 켈트족의 저항이 거세지자 당시 로마 네로 황제는 로마군단의 철수를 고민했어요. 그때 군단을 재정비한 수에토니우스 장군이 부디카 여왕 군대를 진압하는 성과를 냅니다. 이때 부디카 여왕이 승리했다면 세계사는 많이 바뀌었겠죠. 위풍당당 행진곡의 주역이 켈트족에서 로마군단으로 바뀌는 사이 패배한 부디카 여왕의 운명은 어떻게 됐을까요? 로마 역사가 타키투스가 1세기 이렇게 기록합니다. "부디카 여왕은 포로로 잡히기 전 자결했다".

◆ 그렇군요. 영국 역사에서 이름을 남긴 여왕은 그 뒤 누가 있는지요?

네. 중국 만리장성 너머 몽골초원에 살던 훈, 흔히 흉노匈奴족이라고 하죠. 훈족이 중국 한나라와 대결을 피해 서진한 끝에 흑해 서부 연안 우크라이나 남부에 들이닥칩니다. 4세기인데요. 깜짝 놀란 게르만 일파 동고트족이 피난가면서 그 서쪽의 서고트족 등 다양한 부족이 연쇄적으로 서쪽 로마 제국 영내로 들어갑니다. 그 가운데 독일 지역에 살던 앵글로족과 색슨족, 쥬트족은 바다 건너 영국으로 진입했어요. 로마군단은 410년 영국을 포기하고 대륙으로 돌아갑니다. 5세기 후반 색슨족이 웨섹스 왕국, 앵글로족이 머시아 왕국, 쥬트족이 켄트 왕국을 세워요. 이외에도 100여개 소왕국 난립합니다. 이 무렵 덴마크 일대 바이킹이 영국으로 쳐들어옵니다. 이때 바이킹에 맞선 여왕이 있었으니… 색슨족 계열 웨섹스 왕국의 위대한 왕 알프레드 대왕의 딸이죠. 에셀플레드(Aethelflaed, 870-918)입니다. 9세기 말입니다.

◆ 영국의 전설적인 대왕 알프레드의 딸이군요

그렇습니다. 영국 중부 앵글로족의 머시아 왕국 에셀레드 왕과 결혼한 에셀플레드는 머시아 왕국에서 능숙한 정치력과 행정력을 발휘했어요. 친정 웨섹스 왕국의 오빠 에드워드 왕과 손잡고 북쪽 요크를 거점으로 삼은 바이킹에 효율적으로 맞서며 앵글로 색슨계 영역을 지켜냈습니다. 911년 남편 에셀레드 왕이 죽은 뒤에는 단독으로 머시아 왕국을 통치했는데요. 북쪽 바이킹과 서쪽 웨일즈의 틈바구니에서 강력하면서도 협상할 줄 아는 여성 통치자로 7년을 더 다스립니다. 왕건이 고려를 건국하던 918년 숨지는데요. 색슨족이 오늘날 영국인들의 주요 혈통이잖아요. 그녀를 기리는 분위기가 강한데요. 2018년 6월 12일 영국 공영 BBC 뉴스는 에셀플레드 여왕을 "유리천장을 부순 전사 여왕(The warrior queen who broke the glass ceiling)"이라고 묘사합니다. 요즘 유리천장을 부수며 여성의 역량을 마음껏 발현하는 사람들이 많은데요. 그런 지구촌 문화의 선구자 가운데 한 명으로 에셀플레드 여왕을 선정한 거죠.

◆ 영국 역사에서 이렇게 강한 여전사, 뛰어난 행정력 이미지의 여왕만 있었는지요?

그렇지는 않습니다. 노르만 왕조의 2대 왕 헨리 1세(정복왕 윌리엄의 아들)의 딸 마틸다의 아들 헨리 2세가 영국왕이 됩니다. 헨리 2세의 왕비이자 마틸다의 며느리가 아키텐 공작 엘리노어(Eleanor)인데요. 중세를 풍미했

엘리노어 조각 복제품. 보르도 아키텐 박물관

던 자유부인으로 이름 높습니다. 프랑스 아키텐 출신이어서 프랑스에서는 알리에노르 다키텐(Aliénor d'Aquitaine, 1122-1204)으로 불립니다.

◆ 중세의 자유부인이요?

네. 엘리노어의 아버지는 바이킹의 후손인 프랑스 아키텐 공작 기욤 10세인데요. 아버지는 딸이 15살 때 아키텐 공작, 푸아티에 백작 작위와 함께 영지를 물려줬습니다. 아키텐은 보르도를 중심으로 한 포도주 주산지예요.

엘리노어 스테인드 글라스. 푸아티에 시청사

보르도 셍 앙드레 대성당. 1137년 엘리노어와 프랑스 루이 7세가 결혼한 장소

푸아티에 노트르담 라 그랑드 성당. 1152년 엘리노어가 노르망디 공작 헨리 2세와 결혼한 장소. 헨리 2세는 결혼 2년 뒤 1154년 영국왕이 된다.

기후가 좋고 비옥한 지역이죠. 아키텐 동쪽 푸아티에 역시 농장과 목축지가 많습니다. 수입이 영국왕보다 많았어요. 여기에 미모까지 뛰어났던 엘리노어는 프랑스 카페왕조 루이 7세와 결혼합니다. 하지만, 딸만 2명을 낳고 이혼해요. 이어 차기 영국왕 헨리 2세와 재혼합니다. 여기서 사자왕 리차드 1세와 대헌장으로 널리 알려진 존왕을 비롯해 5남3녀를 낳았어요. 광활한 프랑스 서부 영지(아키텐 공작령, 푸아티에 백작령)가 영국왕에게 상속된 거죠. 이는 영국과 프랑스 사이 백년전쟁의 불씨가 되기도 해요. 엘리노어는 프랑스 왕비 시절 남편 루이 7세와 2차 십자군(1147-1148)을 조직해 예루살렘으로 십자군 원정도 다녀왔을 정도로 여장부였습니다. 프랑스와 영국왕 2명을 남편으로 삼았고요. 아들 리차드 1세 섭정으로 영국을 실질 통치했습니다. 왕 이상의 권세를 누린 여걸이었습니다.

◆ 엘리노어가 중세 기사들의 기사도나 기사문학의 기초를 다진 인물이
  기도 하다고요?

그 배경을 보면 이렇습니다. 1170년대 엘리노어의 남프랑스 아키텐
공작, 푸아티에 백작 궁정에는 음유시인, 당시 프랑스어로 트루바두르
(Troubadour)라고 하는데요. 이들이 악기를 연주하며 시를 읊었어요. 음악
과 시라는 문학, 예술을 꽃피운 거죠. 이탈리아의 작곡가 베르디가 작곡한
오페라 [일 트로바토레] 의 트로바토레는 트루바두르를 가리킵니다. 트루
바투르들이 읊는 시는 기사들의 영웅적인 전투에 그치지 않았어요. 귀부

푸아티에 궁전. 아키텐 공작거처. 엘리노어는 이곳에서 1160년대 트루바두르들을 후원하면서 유럽에
궁정 문화, 궁정 연애 시대를 열었다.

푸아티에 궁전 내부. 궁정 문화가 꽃피던 장소.

인에 바치는 헌신적인 사랑도 녹여냈습니다. 성모마리아에 대한 헌신적 순종에 비견되는 기사도(Chivalry)의 탄생이에요. 트루바두르들이 읊은 기사문학과 기사도는 궁정 연애(Courtly Love)로 피어

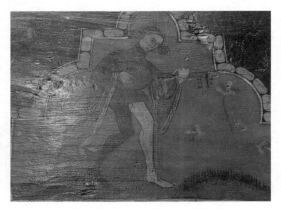

납니다. 전쟁에서 주군을 위해 죽음을 무릅쓰는 기사들이 사랑하는 여인에게 무한 충성과 애정, 존경을 바치는 연애랍니다. 주로 기사와 귀부인 사이 로맨스였어

트루바두르 그림. 14세기. 마드리드 고고학 박물관

요. 12세기 말-13세기 초 남프랑스 엘리노어의 궁정에서 꽃핀 트루바두르 문화, 기사문학, 기사도에 이은 궁정 연애는 유럽 전역으로 퍼집니다.

◆ **이것이 이탈리아로 넘어가 단테의 희곡, 페트라르카의 시로 연결되나요?**

궁정연애 장면. 14세기. 마드리드 고고학 박물관

트루바두르 문화가 13세기 말 이탈리아 피렌체 공화국에서 인류사 문예사조의 한 획을 긋는 르네상스로 거듭납니다. 르네상스의 비조 단테가 베아트리체에게 바친 무한 사랑의 뿌리는 기사들이 귀부인에 바치는 궁정 연애 스타일입니다. 단테는 이를 녹여낸 작품『신곡(La Divina Commedia, 神曲)』으로 르네상스 개막을 알렸지요. 여기에 베아트리체를 등장시키고요. 단테의 후배 페트라르카는 마음 속 연인 라우라를 그리며 소네트 형식의 연시 칸초네를 써 신이 아닌 인간에 대한 사랑을 찬미했습니다. 단테 숭배자 복카치오는『데카메론』에서 중세를 벗어난 르네상스 세속문학의 꽃을 활짝 피우며 현대 문학을 낳았고요. 남프랑스와 영국 왕정을 주무르던 여걸 엘리노어가 뿌린 씨앗에서 잉태됩니다.

2장
문화와 풍습

13

밸런타인 데이...
로마시대 사랑을 맺어준 성인

방송 2023.2.10.

  2월 14일은 밸런타인 데이(Valentine Day)인데요. 젊은이들이 사랑하는 사람에게 특히 여성이 남성에게 마음의 표시를 간단한 선물과 함께 하는 날로 자리잡고 있죠. 연인들의 사랑 고백 밸런타인 데이. 언제 어디서 어떤 배경으로 생겨나 지구촌 다문화를 상징하는 하나의 코드로 자리잡았는지 살펴봅니다.

◆ **밸런타인 데이는 어떤 인물과 연관되는 날인지요?**

  로마시대 클라우디우스 2세가 있었어요. 268년 갈리에누스 황제가 암살되면서 그의 부하 장군으로 있다가 즉위한 황제예요. 당시 군인 황제들은 북쪽 전선에서 남하해 오는 게르만족 일파 고트족과 싸웠는데요. 클라우디우스 2세는 고트족을 물리쳐서 '고트족의 정복자'라는 뜻에서 '고티쿠스'라는 칭호를 얻기도 했습니다. 클라우디우스 2세는 고트족과 전쟁을 효율적으로 수행하기 위해 전선의 군단 병사들이 결혼하는 것을 금지하는 포고령을 냈습니다. 전투력 손상을 막고 전선에서 군대 기강이 해이해지는 것을 막기 위한 조치였지요. 클라우디스 칙령이라고 합니다. 하지만, 자연적인 남녀 사랑을 막는 반인도적 조치라고 할까요. 그러니 어기는 일이 많았고요. 이때 성직자이던 밸런타인이 결혼을 성사시켜 준 것이지요.

◆ 밸런타인이 황제 포고령을 어기고 사랑하는 남녀들을 맺어주다 순교한 건가요?

쿠퍼가 2013년 쓴 『기독교 사전(Dictionary of Christianity)』에 보면요. 밸런타인의 활동상이 나와요. 기독교가 공인되지 않은 시절 박해받던 기독교 신자들을 돌봐준 성직자라고 기록되요. 순교 당시 상황을 보면요. 아스테리우스라는 재판관이 그를 체포했는데요. 아스테리우스에게는 눈 먼 딸이 있었어요. 양녀로 들인 딸인데요. 그 딸을 무척 아꼈나 봅니다. 밸런타인 성인에게 제안합니다. 딸의 눈을 고치면 요구하는 것을 다 들어주겠다고요. 이에 밸런타인 성인이 아스테리우스의 딸을 데려와 눈 위에 손을 얹고 간절히 기도합니다. 그 기도가 하늘에 닿았는지, 시력을 회복했어요. 이에 재판관 아스테리우스는 집안의 모든 이교도 우상을 철거하라는 요구를 받아들이고요. 집안 일족을 기독교에 입문시킵니다. 이후 다시 체포돼 클라우디우스 2세 앞으로 불려 갔어요. 황제에게 기독교를 설명하고 개종시키려 했지만, 실패했고요. 예수 그리스도를 부정하라는 황제의 명을 거부해 처형당하는데요. 269년입니다. 클라우디우스 2세가 268년 포고령을 내고 270년까지 재위했으니 재위 2년째였죠. 순교 날짜는 2월 14일이에요. 40대 초반이었을 것으로 추정되고요.

◆ 2월 14일에 순교했군요. 밸런타인 성인 축일은 언제 생긴 것인가요?

순교한 지 230년 정도 지난 뒤죠. 496년 교황 젤라시우스 1세가 2월 14일을 밸런타인 축일로 삼았습니다. 고대 로마에서는 2월 15일 경 루페르칼리아(Lupercalia)라는 전통 축제가 있었는데요. 목축과 관련한 농촌 축제

였어요. 이 전통 축제를 대신하기 위해 2월 14일을 밸런타인 축일로 삼았
다는 주장이 18세기 이후 나왔지만, 그와 무관하다는 반론이 더 많습니다.
동로마 제국의 그리스 정교에서 발렌타인 성인의 축일은 2월 14일이 아니
라 7월 6일입니다.

◆ 496년 이후 밸런타인 성인 축일이 사랑하는 사람들의 축일이 된 것인
　가요?

　밸런타인 축일이 사랑과 헌신의 축일이 된 것은 중세부터입니다. 정확
한 시점은 알기 어렵고요. 그 기원을 추정할 수는 있는데요. 우리나라도
마찬가지입니다만, 지구 북반구는 2월부터 겨울이 끝나고 봄이 움트잖아
요. 그때 새들이 짝짓기합니다. 알을 낳고 부화시켜 새끼를 키우죠. 봄에

산타마리아 인 코스메딘 성당. 로마

먹을 곤충들이 많잖아요. 이런 자연의 섭리, 새들의 짝짓기에 맞춰 밸런타인 축일 2월 14일을 사랑하는 사람의 수호성인 발렌타인 축일로 삼았다는 설입니다.

◆ 사랑하는 사람들의 축일이라는 가장 오래된 기록은 언제인가요?

14세기입니다. 영국 르네상스 문학의 비조로 칭송되죠.『켄터베리 이야기』의 저자 초서입니다. 르네상스 초기 작가 복카치오의『데카메론』을 영국판으로 바꾼 작가죠. 초서는 1340년 태어나 1400년 숨지는데요. 그의 시집『새들의 의회(Parlement of Foules)』는 1381-1382년 사이 작품입니다. 이 시집에 밸런타인 축일이 사랑하는 사람들의 축일이라고 언급됩니다. 캔사스 대학 오루치 교수는요. 1981년 발표한「밸런타인 성인과 초서, 그리고 2월의 봄(St. Valentine, Chaucer, and Spring in February)」이라는 논문에서 초서의 시에 나오는 내용보다 더 오래된 근거는 없다고 밝힙니다. 초서의 시에 기록된 밸런타인 축일과 사랑하는 이들의 축일 개념은 12세기 이후 남프랑스에서부터 꽃펴 유럽 전역으로 퍼진 궁정사랑, 즉 기사가 귀부인에게 바치는 헌신적 사랑과 맞물려 더 낭만적 형태로 확산됩니다.

◆ 밸런타인 성인의 유해가 지금도 남아 있다고요?

우리 한국인도 대부분 아는 장소랍니다. 이탈리아 수도 로마를 다녀오지 않으신 분도 과거 오드리 헵번과 그레고리 펙 주연 영화「로마의 휴일」을 아실 텐데요. 영화에 오드리 헵번과 그레고리 펙이 데이트하는 과정에 들린 장소가 있죠. '진실의 입'이라고요. 거짓말을 하면 손을 자른다는 전설을 가진 입이요. 그 장소가 산타 마리아 인 코스메딘 성당입니다, 이 성당은 6세기에 만들어졌는데요. 산타 마리아는 성모 마리아에요. 코스메

진실의 입. 산타마리아 인 코스메딘 성당

딘은 고대 그리스어로 '장식'이라는 의미고요. 교회 주변 동네가 그리스인 거주지역이었습니다. 산타마리아 인 코스메딘 성당 안에 밸런타인 성인의 두개골이 보관돼 있어요. 성인의 나머지 유해는 아일랜드 더블린의 성당에 있고요. 이외에도 유해 일부를 보관하고 있다고 주장하는 교회들이 더 있습니다.

◆ '진실의 입' 조각은 원래 무엇이었는지요?

라틴어로 '보카 델라 베리타(Bocca della Verità)'. '보카'는 입이고요. '델라'

헤라클레스 신전. 로마

는 소유격 전치사, '베리타'는 진실인데요. 대리석 두상이죠. 그리스 신화 대양의 신 오케아노스의 얼굴 조각입니다. 성당이 있는 지역은 원래 로마 시대 소를 사고파는 우시장터입니다. 거짓말쟁이의 손을 물어 뜯는다는 전설은 중세 생긴 것이고요. 이 조각의 무게는 1.3톤이나 돼요. 근처에 지금도 헤라클레스 신전이 남아 있는데요. 신전 빗물받이 저수조 뚜껑으로 추정됩니다. 빗물을 한군데로 모아 흘러들도록 하는 거죠. 일설에는 신전에서 소를 잡아 희생의식을 치를 때 도살한 소의 피가 흘러 들어가는 입구였다고도 하고요. 어떤 용도였든지 중세 13세기 지금의 성당으로 옮겨졌고, 17세기부터는 400여년 넘게 지금 자리에 설치돼 있습니다. 전 세계 관광객들, 특히 연인들의 가슴을 설레게 하면서요.

14

핼러윈...
켈트족 후예인 아일랜드계 미국인 축제

방송 2022.11.11.

핼러윈(Halloween)은 '올 핼러우스 이브'(All Hallows' Eve)의 준말입니다. 미국 뿐 아니라 우리나라에서도 젊은이들의 축제처럼 자리잡아가고 있는데요. 이 와중에 2022년 10월 이태원에서 큰 사고가 발생했죠. 핼러윈 축제란 무엇인고 어디서 유래한 것인지 들여다봅니다.

◆ 핼러윈이 '올 핼러우스 이브'의 준말이라고 하는데요. 이게 무슨 뜻인지요?

단어 3개가 합쳐진 말이에요. '올'(All), '핼러우스'(Hallows), '이브'(Eve)요. '올'(All)은 모두라는 의미죠. 두 번째 '핼러우스'(Hallows)는요. 고대 영어에서 성인을 나타내는 '핼러우'(hallow)뒤에 복수형 조사 '에스(s)'가 붙은 '성인들'이라는 뜻입니다. 세 번째 '이브'(Eve)는 '저녁'을 나타내는 단어죠. 그러니까 '올 핼러우스 이브'(All Hallows' Eve)는 '모든 성인들의 저녁'이라는 의미입니다. '핼러윈'의 '윈'(e'en)은 '이브'(eve)의 축약형이고요. 크리스마스 이브라고 하면 크리스마스 12월 25일의 전날 24일 저녁을 가리키잖아요. 모든 성인들의 저녁이라는 뜻의 '핼러윈' 역시 중요행사일은 그 다음날이라는 것을 의미하죠.

◆ 그 다음날은 무슨 날인지요?

기독교와 관련 있는데요. 핼러윈은 매년 10월 31일이죠. 그러니까, 다음날 11월 1일이 특정한 기념일이라는 것인데요. 기독교에서 만성절萬聖節이라고 부르는 축일입니다. 만萬은 만가지 즉 모든이라는 의미고요. 성聖은 성인, 절節은 기념일이고요. 모든 성인들의 날(All Saints' Day), 기독교에서 성인으로 추앙받는 모든 분들을 기리는 날이지요. 800년 경 만성절이 11월 1일로 자리잡습니다.

◆ 고대 로마제국 이전 서유럽지역에 살던 켈트족 축제가 핼러윈의 기원이라는 설이 있잖아요?

역사적으로 보면요. 켈트족은 B.C10세기 경부터 동쪽으로는 오스트리아에서 스위스, 프랑스를 거쳐 서쪽 섬나라 영국까지 퍼져 살았어요. B.C1 세기 로마가 중부유럽으로 세를 확장해 켈트족 영역도 지배합니다. 그리고 1세기 섬나라 영국까지 로마제국에 포함됩니다. 로마는 종교적으로 그리스의 영향을 받아 다신교 신앙체제였어요. 로마 문명권에 들어간 켈트족 사회는 전통의 켈트족 신앙과 로마 신앙을 조합해 다신교 신앙을 유지하는데요. 여기에 큰 변화가 찾아와요. 313년 콘스탄

2022년 이태원 핼러윈 참사 사고현장. 해밀턴 호텔 골목

참사현장 골목과 추모문구

티누스 대제가 기독교를 공인하면서 기독교가 급속도로 확산된 거예요.
테오도시우스 황제는 393년 기독교를 국교로 삼죠. 이제 로마 제국 안에
서 기독교 이외의 다른 신들은 모실 수 없게 됐습니다. 그러나, 종교에서
비롯된 생활문화를 바꾸는 것은 쉽지 않죠. 기독교계는 켈트족이 기독교
를 자연스럽게 받아들일 수 있는 조치를 취합니다. 기독교 행사를 켈트족
전통의 문화 관습과 적절히 조합하는 거였습니다.

◆ 기독교에 켈트족 문화를 어떻게 융합한 것인가요?

켈트족은 1년 달력을 10달로 삼았는데요. 한해의 마지막 10월 말에 '사
윈 축제'를 펼쳤어요. 한해 농사를 마무리 짓고 새해를 맞는데요. 이때 죽
은 자들의 영혼이 내세를 향해 떠나는 동시에 열린 지하문을 통해 망령

들이 지상으로 올라온다고 믿었어요. 음식을 바치면서 죽은 자의 영혼이 저승에 무사히 갈 수 있도록 또, 지하에서 올라온 망령들이 나쁜 짓을 하지 못하도록 빌었습니다. 이것이 핼러윈 축제의 원형을 이뤘다는 겁니다. 601년 교황 그레고리우스 1세 때 이교도 토속신앙을 예수 그리스도의 사랑이라는 범주 안에서 포용하도록 합니다. 불교가 동아시아 한국으로 전래되면서 기존 도교의 신선 사상과 결합하는 것과 같은 이치입니다. 한국의 사찰에 산신각이 있잖아요. 인도 불교에 산신령을 같이 모시는 산신각이 있을 수 없죠. 일종의 종교 융합이고, 타협과 공존이죠. 켈트족 사원 축제를 만성절과 연계시켜 자연스럽게 기독교 문화 속으로 포용한 겁니다. 예수 그리스도 탄생일인 크리스마스를 로마 토착 동지 축제와 연계시킨 것과 같은 이치입니다.

◆ **핼러윈이 현대적인 의미의 축제로 등장한 것은 언제부터인가요?**

19세기 중후반 미국입니다. 17세기 영국인들이 본격적으로 식민지를 개척하잖아요. 1607년 버지니아 상륙, 1620년 필그림 파더즈의 청교도 이주를 시작으로요. 1776년 미국 독립 뒤, 19세기 유럽대륙에서 많은 이민자가 미국으로 가는데요. 게르만의 일파 앵글로 색슨족에 밀려 스코틀랜드와 아일랜드로 이주해 살던 켈트족의 후예들이 1840년대 대기근 이후 대거 미국으로 갑니다. 무려 1백만 명의 아일랜드인들이 미국으로 갔어요. 이때 핼러윈 풍습의 원형이 미국에 전파된 거죠. 현대 핼러윈 축제의 모습은 1930년대 나타나고요.

◆ **현대화된 핼러윈은 어떤 모습이었는지요?**

호박 등불이 있죠. 나쁜 일을 많이 해 천당과 지옥에서 모두 거부당했다는 구두쇠 '잭'의 영혼이 갖고 다닌 호박 등불이요. '잭오랜턴'(Jack-O'-Lantern)이라고 하는데요. 아일랜드와 스코틀랜드에서는 원래 무로 만들다 미국에서 호박으로 바뀝니다. 호박에 눈이나 코, 입을 파서 탈처럼 쓴 거죠. 여기에 다양한 분장이 뒤따라 등장하고요. 아이들은 이런 분장을 하고 집집마다 다니면서 먹을 것, 초콜렛이나 사탕을 얻어먹고요. 이런 놀이를 '트릭 오어 트릿'(trick or treat)이라고 부릅니다. "과자를 주세요. 안주면 장난칠 겁니다." 이런 앙증맞은 말이죠. 핼러윈의 현대적 부활은 그 대상이 주로 아이들의 다양한 분장과 초콜렛 얻어 먹기입니다. 아이들 놀이에서 어른들 행사로도 확대된 되고요.

◆ **어린이에서 어른으로 주체가 변한 것이군요?**

문화라는 것이 한 지역에서 다른 지역으로 전파될 때 내용을 달리하며 현지에 맞게 변화하죠. 어컬츄레이션(Acculturation, 문화변용, 문화 접변)이라고 부르는데요. 아이들 가면 행렬에서 어른 행사로 한국에 오면서 젊은이들 행사로 바뀌었고요. 초콜렛 얻어먹기에서 맛난 음식 먹기나 술 마시고 즐기는 형태로 변화된 것이죠.

15

이태원...
임진왜란 이후 외국인 지대

방송 2022.11.25.

핼러윈 참사가 발생한 이태원은 한국의 다문화를 상징하는 곳이지요. 많은 외국인들이 거주하고요. 외국 관광객들이 많이 찾는 곳이기도 합니다. 외국인들이 많이 모이다 보니 다양한 국가의 음식이나 의상, 문화가 퍼졌고요. 미국이나 유럽, 아시아는 물론 아프리카의 이국적인 문화가 공존하는 다문화의 해방구라고 말할 수 있을 텐데요. 다문화 중심지, 이태원의 유래와 역사를 찾아가 봅니다.

◆ 이태원은 이름부터 이국적인 느낌이 드는데요. 지정학적으로 어떤 특징이 있는지요?

서울시 용산구 이태원동은요. 법정동과 행정동이라는 것으로 나뉘는데요. 서울시 용산구 이태원동이 법정동입니다. 이를 주민들이 거주하는 지역별로 나누는데요. 이태원1동, 이태원2동 이런 식이죠. 이를 행정동이라고 합니다. 이태원 1,2동은 용산구의 대표적인 번화가예요. 이태원1동에 1만1천여 명의 주민이 살고 있는데요. 이 중 외국인은 2천여명입니다. 20% 가까이 되죠. 이태원2동에는 1만 1천여명 주민 가운데 외국인이 400여명 거주합니다. 용산구에서 외국인이 가장 많이 사는 곳은 아무래도 고급주택지가 몰려 있는 한남동이지요. 이태원의 지리적 조건을 살펴보면요. 이태원을 포함한 용산은 한강 유역이잖아요. 조선 시대까지는 물길, 즉 바다나 강을 활용했는데요. 서해와 연결되는 드넓은 한강 하구에 닿아 교통 요지입니다.

◆ **조선시대 역원제도에 따라 교통의 요지에 원이라는 이름을 붙이지 않았나요?**

756년 신라 경덕왕 이후 한국의 지명이 두 글자로 바뀌지만, 세글자인 경우는 주로 뒤에 '원'자가 붙은 도시입니다. 우리 전통 역원驛院에서 '역驛'은 말을 갈아타는 장소입니다. 고려시대 전국에 525개 역을 두고 중앙에서 공무를 보는 사람들이 지방으로 갈 때 말을 이용할 수 있도록 했습니다. 조선시대 한양도성을 중심으로 삼고 경복궁 남문 광화문에서부터 따져 대략 30리마다 하나씩 역을 두도록 했습니다. 조선의 기본 법전인 경국대전에 보면 537개의 역을 둔 것으로 돼 있어요. 마패는 말을 탈 수 있는 증명패를 말합니다. 북쪽의 구파발, 양재의 말죽거리가 중요한 역이었어요. 원院은 숙소가 있는 지역을 가리킵니다. 말을 타고 이동하다가 잠을 잘 숙소가 필요한데요. 그런 시설을 갖춘 역을 원이라고 한 거예요. 이태원은 조선시대 고양군인데요. 남대문 나와서 남쪽으로 나가는 지역에 처음 나타나는 역이자 원이었던 것이죠. 교통의 중심지. 안양의 인덕원, 경기도 이천시 장호원, 충청북도 진천군 광혜원, 충청남도 조치원, 북쪽으로 퇴계원, 황해도 사리원등이 있지요.

◆ **이태원의 한자표기가 여러 번 바뀐 것으로 알려져 있잖아요.**

이태원梨泰院을 한자로 쓸 때는요. '이梨'는 배꽃, '태泰'는 크다니까요. 배꽃이 드넓게 펼쳐진 다시 말해 배 과수원이 넓은 지역이라는 의미죠. 앞에 오얏나무 '이李'를 쓰는 이태원李泰院도 있어요. 그렇다면 오얏나무가 많던 동네라는 의미도 있겠고요. 오얏나무는 자두나무를 가리킵니다. 또 하나, 이태원異胎院이 있는데요. 오늘날 국제다문화의 중심지라는 의미하고도 연결돼요. '이異'는 '다를 이', '태胎'는 '탯줄'입니다. 탯줄이 다른 동네죠. 임진왜란 시기 왜군이 주둔한 곳이 용산 일대인데요. 왜군과 조선 여인 사이에서 태어난 아이들이 살아서 탯줄이 나른 동네 이태원異胎院으로 불렀다는 설입니다. 이와 관련해 이타인異他人이 살던 지역이라 이태원이 됐다는 설도 있어요.

◆ **이태원이 역사적으로 외부의 군사적 침략과 관련되는 군요.**

임진왜란 당시 왜군이 거주하던 곳이고요. 장기 주둔을 위해서는 도성 바로 옆인 용산의 한강변이 유리했다고 봐야지요. 구한말 청나라 군대가 들어와 주둔하던 곳도 바로 이곳입니다. 1895년 청일전쟁에서 승리한 일본군이 다시 이곳에 주둔했어요. 일제강점기 이태원을 포함해 용산 일대는 일본군의 대규모 군사 주둔지가 됩니다. 1945년 이번에는 미국이 일본을 전쟁에서 이기고 나타나잖아요. 미국은 일본군 주둔 시설을 그대로 이어받아 거주합니다. 지금도 용산 미군기지 터에는 일본

이태원 세계음식 거리

군이 일제강점기 만든 시설이 남아 있습니다.

◆ 미군이 주둔하면서 한국 다문화의 중심지로 변모하는군요.

이태원 베트남 퀴논 거리

1957년 용산주둔 미군 부대의 군인 외출이 허용됐어요. 주말이면 쏟아져 나오는 미군을 상대로 음식점이나 술집이 많이 생겼죠. 기지촌 문화가 생기면서 이태원은 다문화의 중심지가 된 거죠. 미국문화 중심으로요. 서초구 서래마을에 프랑스인들이 주로 모여 살며 프랑스 문화 중심의 다문화가 형성된 것과 비교해 볼 수 있죠. 1988년 이후 해외여행 자유화가 실시되면서 외국인들도 자유롭게 한국으로 들어왔는데요. 1990년대 터키, 파키스탄, 방글라데시, 인도네시아, 중앙아시아 각지 나라 사람들이 들어옵니다. 이슬람 문화도 유입돼 모스크도 세워지고요. 2008년에는 유대교 시나고그도 생겼습니다. 나이지리아나 가나 같은 아프리카 출신도 있고요. 이렇게 다양한 외국인들이 오면서 다문화 상권을 형성한 거죠.

16 서낭당...
티벳 몽골 한국의 '오색 천' 주술

방송 2023.1.27.

유라시아 주술문화로 돌 무더기를 쌓고 신성한 대상으로 여기는 서낭당이 널리 알려져 있는데요. 한국학 민족문화 대백과는 서낭당을 "마을 어귀나 고갯마루에 원추형으로 쌓아 놓은 돌무더기 형태로, 그 곁에는 보통 신목神木으로 신성시되는 나무 또는 장승이 세워져 있기도 하다. 이곳을 내

몽골 울란바토르 어워의 하닥

왕하는 사람들은 돌·나무·오색 천 등 무엇이든지 놓고 지나다녔다."고 표현해요. 신령스러운 나무나 장승에 매다는 오색천의 기원으로 거슬러 올라갑니다.

◆ **오색 천이 몽골의 어워, 유라시아 각지의 오보, 즉 서낭당에도 있는지요?**

몽골 수도 울란바토르 근교 고갯마루의 돌무더기 즉 어워 2개에 나무기둥 2개가 꽂혀 있어요. 그리고 이 나무기둥에는 천이 칭칭 동여매져 있습니다. 푸른색 천이 많고요. 녹색, 흰색, 황색, 적색의 5종류입니다. 한민족 문화 대백과에 소개하는 서낭당, 돌무더기와 그 주변 신성한 나무 오색천. 이런 서낭당 모습이 몽골에서 마주하는 어워의 모습입니다. 판박이입니다. 이 천을 몽골인들은 '하닥(Khadag)'이라고 부릅니다.

◆ **하닥이라는 천을 나무에 맨 몽골의 어워에서 어떤 주술행사가 펼쳐지나요?**

중국 내몽골의 오르도스 박물관에 어워에서 펼쳐지던 풍습을 복원해 놓

내몽골 서낭당 어워의 하닥. 내몽골 오르도스 박물관

았더라고요. 가운데 돌탑을 쌓아요. 주변으로 오색 천으로 만든 기를 꽂고요. 남색, 적색, 황색, 녹색, 백색인데요. 남색은 쪽빛이잖아요. 가을날 맑고 푸른 하늘을 우리가 쪽빛 하늘이라고 하는데요. 몽골

초원의 푸른 하늘은 남색이죠. 쪽빛이요. 하늘에는 붉은 태양이 빛나잖아요. 그래서 적색. 붉은 천은 태양을 상징합니다. 황색은 황금 들판. 땅을 가리킵니다. 녹색은 초원의 상징이죠. 이렇게 4가지 색 외에 흰색은 말젖입니다. 기마민족에게 말은 생명과도 같죠. 오색기를 꽂고, 99마리 말젖을 발효시켜 만든 마유주를 바치면서 돌탑을 돕니다.

◆ **그렇군요. 돌탑 주변 오색천은 몽골초원을 넘어 다른 지역에도 있는지요?**

몽골초원 서쪽으로 중앙아시아 카자흐스탄에서도 확인했고요. 몽골초원 북쪽 바이칼호 유역 시베리아로도 퍼졌고요. 가보지는 못했습니다만, 기록 사진을 보면요. 지구상 최고봉 에베레스트산에도 오색기 나무가 꽂혀 있습니다. 해발 8천848m의 에베레스트 산은 중국 티벳과 독립국 네팔 국경에 자리하죠. '에베레스트'라는 이름은요. 19세기 측량을 담당한 영국의 인도 식민지 관리 이름이에요. 티벳에서는 옛부터 '초모룽마珠穆朗瑪(주목랑마, 어머니 신)'라고 불렀습니다. 1953년 5월 29일, 뉴질랜드 출신 영국 국적 에드먼드 힐러리와 네팔 현지인 셰르파 텐징 노르게이가 처음 오른 극한의 땅 에베레스트 정상에요. 장승 같은 큼직한 나무기둥이 눈 속에 박혀 있고요. 나무에는 울긋불긋한 천이 휘감겨 있답니다. 1953년 첫 등정 이후 네팔에서 꽂아둔 거죠. 만년설 세찬 눈보라에 휘날리는 천은 네팔어로 '하다(Khada)'입니다.

◆ **에베레스트산 말고 네팔 전역에도 이런 천 하다를 볼 수 있는지요?**

네팔의 수도 카트만두로 가면요. 시내 가장 큰 불교 사원이 있어요. 보드나트(Bodhnath) 사원이라고 합니다. '보드(Bodh)'는 '깨달음', '나트(Nath)'는 '사원'을 가리켜요. 그러니까 보드나트는 깨달음의 절이라는 뜻입니다. 이

네팔 카트만두 보드나트 사원 룽타

보드나트 사원에 가면요. 흰색 큰 탑이 오색천으로 뒤덮였습니다. 운동장을 가로질러 펄럭이는 만국기처럼이요. 이를 '룽타(Lung ta)'라고 부릅니다.

네팔 카트만두 원숭이 사원 룽타

네팔 카트만두 원숭이 사원 다르쵸

카트만두에서 가장 인기 있는 유원지는 원숭이 사원이에요. 불교 사찰이죠. 오색천을 만국기 형태로 매단 룽타가 산 아래에서 산꼭대기 절까지 길게 이어져요. 네팔의 천 하다를 만국기처럼 매단 룽타 역시 주술의 표현입니다.

네팔 보드나트 사원 하타의 불교 경전 문구

◆ 에베레스트산 북쪽 지역, 중국의 티벳은 어떤지요.

티벳이 원조입니다. 네팔은요. 부처님이 태어난 룸비니 동산이 있어 불교의 고장으로 알려져 있지만, 실은 인구의 87%가 힌두교도예요. 수도 카트만두의 보드나트 사원은 티벳불교 사원입니다. 티벳어로 천을 '하타(Khata)라고 합니다. 티벳에서 하타를 맨 만국기 형태를 룽타라고 부르는 거죠. 나무를 세우고 천을 매는 것은 '다르초(Darchog)'라고 부릅니다.

◆ 다르초와 룽타. 둘다 티벳 불교와 관련있는 것인가요?

그렇습니다. 다르초와 룽타의 천에는 불경 글귀가 빼곡하게 적혀 있습니다. 불경을 적어 넣으며 무엇인가를 비는 행위인 거죠. 고대 인도신앙에 선신善神 데바(Deva)와 악신惡神 아수라(Asura)가 싸우는데요. 불교에도 영향을 미쳐요. 부처님이 설법 내용을 깃발에 적어 악신과 싸우잖아요. 하지만, 천으로 깃발을 만들어 실생활에 쓰는 풍습은 한참 후대에 생겨요. 티벳 불교가 8세기 경 성립된 뒤, 11세기 경 천에 불경을 적어 소원을 비는 풍습이 나타납니다.

◆ 불경을 적은 천을 주술의 수단으로 활용하는 방식이 몽골로 전파된 것
  인가요?

13세기 지구상 최강 제국 몽골이 티벳을 점령합니다. 정복자 몽골인은
티벳 불교를 받아들여요. 몽골제국은 다문화 다종교였지만, 몽골인 대부
분이 티벳불교에 귀의합니다. 티벳에서 주로 흰 천 하타에 불경을 적는 풍
습이 몽골로 와 하늘을 상징하는 푸른색 천 '하닥'이 되고요. 오색천으로 발
전합니다. 이것이 유라시아 각지는 물론 몽골 전통의 돌탑과 합쳐집니다.

◆ 우리나라의 서낭당 문화는 몽골에서 유입된 것인가요?

우리민족 고유의 토착 자생설부터 6세기 중국 남북조 시대 선비족의 북
제北齊 때 성城 수호신 성황城隍신앙이 모태라는 주장까지 다양합니다. 하
지만, 유물로 확인하는 서낭당 풍습은 몽골 유입설에 힘이 실린다고 저는
봅니다. 13세기 말부터 14세기 말까지 1백년간 고려는 몽골의 속국이 되
잖아요. 몽골에서 다양한 문화가 유입됩니다. 고려의 왕들도 몽골식으로
변발했고요. 몽골말을 사용했어요. 매사냥 같은 풍습도 들어오고요. 이때
오보와 다르초가 유입돼 서낭당 풍습으로 정착됐을 가능성이 큽니다. 원
래 우리 민족은 중국 사서를 통해 보면 높은 나무를 신성시했잖아요. 몽골
다르초와 교집합이 커서 쉽게 수용됐을 것으로 보입니다.

17

BTS...
1500년전 페르시아 음악 대유행

방송 2022.6.24.

2022년 6월 14일 밤 BTS의 공식 유튜브 채널에 공개된 영상이 파문을 몰고 왔어요. '찐 방탄회식'이라는 제목의 영상에서 BTS 멤버들이 단체 활동을 쉬어가겠다고 밝힌 거예요. BTS '단체활동 중단' 언급 보도가 확산되면서 BTS 소속회사인 하이브의 주가가 다음날인 15일 하루에만 무려 24%나 떨어졌습니다. 하루 동안 시가총액 약 2조원이 증발한 거예요. BTS의 위상을 실감하는데요. BTS를 문화 교류와 다문화 측면에서 살펴 보겠습니다.

◆ BTS가 백악관에 초청받아 바이든 대통령과 회동을 가졌어요.

백악관이 미국의 '아시아계·하와이 원주민·태평양 제도 주민 유산의 달'을 맞아 2022년 5월 31일 백악관으로 BTS를 초청했어요. 백악관이 이렇게 발표했어요. "글로벌 K팝 현상이자 그래미 후보에 올랐던 한국의 음악그룹 BTS가 아시안 포용과 대표성을 논의하고 최근 몇 년 동안 더욱 두드러진 이슈가 된 반아시안 증오범죄 및 차별을 다루기 위해 바이든 대통령과 함께한다"고요. '반反 아시안 증오범죄'를 논의했으니, 인종과 민족을 초월한 보편적 조화와 공존을 위한 거죠.

◆ BTS는 이미 증오나 인종 범죄에 단호히 반대하는 메시지를 낸 적이 있지요?

BTS는 2021년 3월 미국 애틀란타에서 한인 여성 4명의 목숨을 앗아간 충격 사건이 발생했을 때 희생자 가족에 위로를 전했는데요. "아시아인이라는 이유로 차별을 당한 적이 있다"고 고백하면서 "인종이 다르다는 이유로 증오와 폭력의 대상이 된다는 것은 우리가 감히 표현할 수 없는 고통"이라고 인종차별과 폭력에 반대하는 입장문을 냈습니다.

◆ K-팝이 세계 무대에서 큰 인기를 얻고 있는데요. 고대에도 음악 교류가 있었죠?

한국 가수들이 K-팝 붐을 일으키며 인기를 얻는데요. 고구려, 백제, 신라 시기로 거슬러 올라가면 중앙아시아나 페르시아의 음악이 중국과 한국에 큰 영향을 미쳤어요. 사산조 페르시아(224년-651년)에서 온 음악사절단, 특히 무용단이 중국에서 큰 인기를 끌었습니다. 공식 문화 사절단이 중국을 13차례 찾아 춤과 연주로 중국인들을 매료시킵니다.

◆ 호악胡樂이라는 음악 장르가 페르시아와 관련 있는지요?

호胡는 고대 중국에서 한족을 제외한 나머지 주변 민족을 가리켰어요. 호악胡樂이라면 중국 한족 주변의 민족음악을 가리키는데, 주로 서역

조로아스터교도 서역인들의 춤 묘사 묘지 벽화. 5세기. 서안 섬서성 박물관

그러니까 오늘날 신장 위구르 자치구를 비롯해 중앙아시아와 그 너머 서아시아 지역 음악을 지칭하는 말로 사용됐습니다.

◆ 고대 중국에서 페르시아 호악胡樂이 차지하는 비중이 컸나요?

북방 기마민족이 중원지방을 지배하던 4-6세기 남북조 시대 선비족이 세운 나라 북위나 북주 시대 특히 호악이 성행했습니다. 마단림의 『문헌통고文獻通考』권 129 '악樂'에 따르면요. 북위는 선무제(499-515) 이후 페르시아에서 들어온 춤과 음악을 즐긴 것으로

서역인들의 춤 묘사 조각. 난주 감숙성 박물관

나타납니다. 이 무렵 서역에서 유입된 음악과 춤의 종류가 수백 가지에 이르렀다고 합니다. 이는 수나라와 당나라 시대까지 이어졌고요. 무엇보다 악기에 많은 영향을 미쳐요. 고대 서역 음악이 중국이나 동아시아에 미친 영향은 마치 요즘 K-팝이 얻는 인기와 비슷한 맥락입니다. 예나 지금이나 음악이 민족과 지역을 초월해 향유되는 다문화 현상을 반영한다는 것을 알 수 있는 거죠.

◆ 중국은 한나라 시대 B.C2세기 비단길을 개척하면서 서역과 교류한 것인가요?

중국의 영어 표현 차이나(China)가 등장한 것은 1516년 포르투갈 탐험가 두라테 바르보사의 기록이에요. 영국인 리차드 에덴은 1555년 영어로 사용하고요. 바르보사는 어디서 이 말을 알았을까요? 페르시아입니다. 페르

시아어에 중국을 '친(Chin)'으로 표현했어요. 페르시아어 '친'은 어디서 나왔을까요? 인도의 산스크리트어 문헌이에요. B.C5세기 산스크리트어 '마하바라타' 경전과 B.C2세기 산스크리트어 마누법전에 '치나(Cina)'라고 기록됩니다. B.C5세기 비슷

한나라 시대 서역 무용수 조각. 2-3세기. 난주 감숙성 박물관

한 발음의 중국국가는 춘추전국시대 초(Chou)나라예요. 이와 다른 주장도 있는데요. 중국에서 활동했던 예수회 소속 선교사 마르티노 마르티니는 중국 진시황의 '진'나라에서 차이나(China)가 유래했다고 1665년 기록합니다. 물론 B.C2세기 한나라 때 무제가 장건을 서역으로 보내 비단길을 열면서 서역과 교류가 활성화된 것은 맞습니다.

18

고대의 책...
"학문에 왕도는 없다"는 말뜻은?

방송 2022.3.18.

동서양을 합쳐서 가장 오래된 학교는 메소포타미아에 있었죠. [에두바] 라고 하는 학교가 있었는데요. 기본은 문자교육이죠. 쐐기문자를 배워서 기록하는 역할이요. 기록을 할줄 알아야 공무원이 될 수 있었잖아요. 공직 자로 진출해 인생을 편하게 사는 것이 학교 다니는 목표라는 내용의 점토 판도 남아 있습니다. 요즘과 다르지 않죠. 고대 어떤 종류의 책이 유물로 남아 있을까요?

◆ **고대 메소포타미아에서는 어떤 종류의 학문을 책으로 만들었나요?**

우선 천문학을 꼽을 수 있습니다. 루브르 박물 관에 가면요. 고대 바빌로니아 왕국, 그러니까 함무라비 법전을 만들던 고대 바빌로니아 왕국 시절 B.C 18세기 점토판 책들을 보면 천문학 관 련 내용이 많아요. 일식, 월식, 해와 별자리 움직 임, 달력 등이요.

천문학 점토판. 대영박물관

◆ 천문학은 점성술과도 뗄 수 없는 관계잖아요. 점성술 관련 점토판 책
   도 남아 있나요?

천문학과 연계되는 점성술 관련 점토판이 다
수 남아 전해져요. 짐승의 내장을 보고 점을 치
는 등의 점술도 있지만, 대부분의 경우 불길한
징조등을 천문현상에서 찾았거든요. 그러니까
천문학과 연계된 점성술 점토판책이 여럿 남아
있는 거죠. 점성술은 고대 메소포타미아는 물
론 근대 서양에 이르기까지 중요하게 활용됐습
니다.

점술 점토판. 양창자 상태로 살
핀 점괘. 대영박물관

◆ 그 이외에 어떤 학문 분야 점토판 책이 남아 있는지요?

기하학을 포함한 수학입니다. 분수나 60진법은 메소포타미아의 산물이
죠. 지금 시간의 단위가 60진법이잖아요. 59초, 59분 다음에 60초 60분이
아니라 다시 1초, 1분으로 돌아가는 60진법이요. 여기에 원을 360도로 측
정하는 방법 역시 고대 메소포타미아 수학이에요. 의학을 다루는 점토판
도 많아요. 루브르에 입이 마비
됐을 때 활용되는 처방전 15가
지가 적힌 점토판이 전시돼 있
습니다. 입이 돌아가는 것은 요
즘으로 치면 중풍에 걸린 것이
잖아요. 이를 치료할 15가지 처
방전이 있었다는 사실을 점토
판 책을 통해 알 수 있습니다.

수학 점토판. 이스탄불 고고학 박물관

사막 독충, 전갈에 물렸을 때 해독 처방전도 있고요. 문학작품 제목 68개를 기록한 점토판도 루브르에 전시중인데요. 제목이 그렇게 많았다는 것은 메소포타미아에서 영웅적 서사시를 많이 썼고, 계승했음을 알 수 있습니다. 신화 즉 종교학이라고 할까요. 창조주, 다양한 신들의 이야기가 점토판에 기록돼 있습니다. 단어사전도 있고요. 요즘도 사전을 보며 공부하는데, 메소포타미아에서도 마찬가지였던 것으로 보입니다.

◆ 고대 이집트에서 학교 교육 내용이나 책은 어떻습니까?

고대 이집트에서 학생이라는 단어가 '세바트'예요. 이집트 상형문자를 배워 기록을 담당하는 공직자가 되지요. 문자를 익히는 것이 가장 중요한 학교 수업내용이었습니다. 책관련 유물이 많지는 않아요. 메소포타미아의 경우 점토판 책이라 오래 남아 있지만, 이집트는 파피루스를 활용해 오랜 기간 남아 있기 어렵거든요.

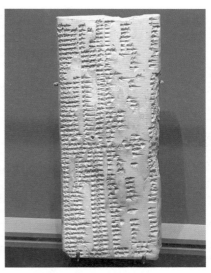

단어사전 점토판. 루브르 박물관

◆ 그리스 문명에서 학문연구와 책은 어땠는지요?

그리스에서 학문은 일찍이 B.C587년 시작됩니다. 이오니아 지방 그러니까 오늘날 튀르키예 서부 연안 밀레토스에 살던 탈레스가 일식을 예측하면서 천문학으로 학문의 문을 열었습니다. B.C387년 경 플라톤의 아카

데미아, B.C334년 경 아리스토텔레스의 리케이온, B.C300년 경 알렉산드리아 프톨레마이오스 왕조의 무세이온 같은 교육기관에서 문학, 천문학, 수학, 기하학, 지리학, 종교학 등 다양한 종류의 학문을 연구하고 파피루스 두루마리 책을 써 교육했습니다.

◆ "학문에 왕도는 없다"라는 말이요. 그리스에서 나온 것이지요?

이 말을 누가 했냐하면요. 알렉산드리아 프톨레마이오스 왕조의 국립대학 무세이온에 초대된 학자 유클리드예요. 무세이온을 세운 프톨레마이오스 1세가 유클리드에게 기하학을 배웠어요. 그런데 어렵잖아요. 유클리드에게 물어봐요 좀 쉽게 배울 방법이 없냐고요. 그러자, 유클리드가 프톨레마이오스 1세에게 들려줍니다. 왕이라고 쉽게 배울 방법은 없다고요. "학문에 왕도가 없다".

◆ 중세 이슬람 시대에도 고등교육기관이 있었고, 다양한 학문을 가르쳤다고요?

그 계기가 바로 알렉산드리아의 무세이온인데요. 643년 알렉산드리아를 함락시킨 이슬람 3대 칼리프 우마르가 무세이온에 있던 모든 책을 당시 이슬람제국 수도 메카로 가져갑니다. 기독교 이외의 학문을 배척했던 유럽과 달리 이슬람 세력은 고대 그리스 로마 학문을 아랍어로 번역해 공부했습니다. 이슬람이 왕조로 바뀌고, 두 번째 압바스 왕조 때 830년 수도 바

의술관련 점토판. 이스탄불 고고학 박물관

이슬람 마드라사. 마물루크 왕조 술탄 알 만수르 칼라운 때 1285년 완공. 카이로

그다드에 7대 칼리프 알 마문이 '바이트 알 히크마(지혜의 집)'이라는 연구기
관을 세워요. 그리스 학문을 아랍어로 모두 번역하도록 지원합니다. 과학,
철학, 의학을 망라했지요. 이후 이슬람권에서는 '마드라사'라는 대학이 생
기는데요. 859년 튀니지 파티마왕조에서 처음 마드라사를 설립했어요. 이
어 970년 카이로에 '알 아즈라' 마드라사가 들어서요. 이슬람 율법이나 다
양한 학문을 가르쳤습니다. 이슬람이 전파된 각지에 마드라사가 생기는
데요. 이때 만든 양피지 책들이 유물로 남아 있습니다.

◆ 유럽에는 대학이 언제 생겨 다양한 학문을 가르치는지요?

1088년 이탈리아 볼로냐 대학이 처음입니다. 법학교육을 위해 설립했어요. 이어 1150년 파리 대학, 1167년 옥스퍼드 대학, 1224년 나폴리 대학이 생기고요. 이후 유럽 각지에 대학이 생겨나면서 18세기 말 유럽에 143개 대학이 운영됐어요. 신학, 법학에서 벗어나 다양한 학문을 가르치며 오늘날 세계를 주도하는 학문적 역량을 발전시켜 온 것이지요. 15세기 이전에는 양피지로 필사본 책을 만들었고요. 15세기 말 이후 종이를 활용해 본격적인 금속인쇄 책을 펴내며 이슬람이나 동양의 학문을 앞서 나갑니다.

19

칸 영화제...
고대 그리스 극장과 인류 문화

방송 2022.6.10.

2022년 75회 칸 영화제 시상식 뒤 박찬욱 감독은 "제 영화에는 중국인 배우가 나오고, '브로커'는 일본 감독이 각본을 쓰고 연출했습니다. 아시아의 인적 자원과 자본이 교류하는 건 의미 있는 일"이라며 "1960~70년대 유럽에서 힘을 합쳐 좋은 영화를 만드는 것을 봤는데, 한국이 중심이 돼서 이런 식의 교류가 활성화되기를 바랍니다"고 말했습니다. 다문화와 국제화 추세를 말해주죠. 박찬욱 감독은 이날 '극장'이라는 또 하나의 의미심장한 화두를 던졌는데요.

◆ 박찬욱 감독이 던진 화두 극장, 어떤 의미인가요?

박찬욱 감독은 '헤어질 결심'으로 감독상을 받고 세계인이 지켜보는 가운데 이렇게 얘기해요. "코비드(코로나) 시대를 겪으면서 우리 인류가 국경을 높이 올린 때도 있었지만, 단일한 공포와 근심을 공유하게 됐다"며 "영화도 극장의 손님이 끊어지는 시대를 겪었지만 그만큼 극장이 얼마나 소중한 것인지 우리가 깨닫는 계기가 됐다"고요. 공공시설에 사람들이 모일 수 없던 2년여 극장은 텅빈 죽음의 공간이었죠. 영업적으로 손실을 입은 극장주만이 아니라 그곳에서 문화를 즐기며 삶의 기쁨을 맛보던 인류의 삶 자체가 피폐해진 것이죠. 박감독은 "우리가 이 질병을 이겨낼 희망과 힘을 가진 것처럼, 우리 영화인들도 영화관을 지켜내면서 영화를 영원히 지켜내리라 믿는다"고 말을 맺어요.

◆ 역사적으로 극장은 언제 처음 나타난 것인가요?

영화 상영 극장은 프랑스의 뤼미에르 형제가 영화를 처음 선보인 1895년 파리에서 등장합니다. 건물지하에서요. 이후 각지에 영화관이 생겨나요. 우리는 1900년대 극장이 등장하는데요. 초기 극장에서 상영되던 영화는 연극이 혼재된 장르였어요. 연쇄극, 혹은 키노 드라마라고 하는데요. 극장 무대 위에서 연극을 펼치다 스크린을 내린 뒤, 영화를 틀어줘요. 그러다 다시 스크린을 올리고 연극을 이어가는 형식입니다. 초기 영화관은 연극 공연 극장이었던 거죠.

◆ 연극을 공연하던 극장이라면 그 기원이 고대 그리스 아닌가요?

고대 그리스에서는 다양한 야외 볼거리를 마련해 즐겼는데요. 14세기부터 프랑스에서 사용한 용어를 빌리면 스펙터클이죠. 대표적인 것이 B.C 776년부터 야외 운동장 스타디온에서 시작한 올림픽이 있고요. 올림픽 행사 가운데 그리스인들은 전차경주를 가장 즐겼습니다. 4마리 말이 끄는 전차를 타고 달리는 속도 경기에 열광했지요. 그리스인들이 심취한 또 하나의 스펙터클이 연극입니다. 연극은 비극에서 출발하는데요. 그리스 문화의 중심지 아테네에서 비극이 처음 시작된 시점은 B.C534년이에요. 테스피스가 연출한 비극 공연 장소는 극장입니다. 우리네 공연문화는 마당에서 펼쳐지잖아요. 농악이든 판소리든, 이름도 마당극인데 반해 그리스에서는 극장이에요.

◆ 고대 그리스 극장은 어떤 모습이었는지요?

　고대 그리스에서 극장을 지을 때는요. 일단 높은 산의 경사면을 찾아요. 거기서 아래를 내려다보고 펼쳐지는 파노라마 전경이 좋은 곳을 선호했지요. 고지대에 시야가 확 트이는 전망을 갖춘 곳이 극장 입지 1순위예요. 입지가 정해지면, 돌산 언덕 경사면을 계단식으로 깎아 관중석을 만듭니다. 이어 관중석 아래 평지에 반원형 공간 오케스트라(orchestra)를 만들고요. 오늘날 오케스트라는 관현악단이지만, 원래 악단이나 합창단이 공연하는 장소를 가리켜요. 관중석에서 바라볼 때 오케스트라 뒤쪽으로 무대 배경벽을 세워요. 스케네(skene)라고 하는데요. 영화에서 말하는 신(scene)의 어원이죠. 스케네는 배경 세트입니다. 스케네를 너무 높게 세우면 안돼요. 관중석에 앉아 관람하는 관객의 눈에 스케네 뒤로 펼쳐지는 자연의 파노라마가 들어와야 하거든요. 스케네 양 옆으로 분장실이나 대기실 등이

디오니소스 그리스 극장. 아테네

마련됐지요.

◆ **고대 그리스는 유신론의 사회이니, 극장 공연도 신과 관련 되나요?**

고대 그리스인에게 가장 중요한 농사는 포도 농사지요. 한해 포도 농사가 끝나고 포도주를 담근 뒤, 포도주를 마시기 시작할 무렵부터 축제를 열었습니다. 포도주의 신 디오니소스에게 헌정하는 축제였지요. 가장 큰 축제가 매년 3-4월 봄에 진행되던 '도시 디오니소 축제(city dionysia)'였습니다. 이때 연극 공연에 앞서 디오니소스 신에게 제를 올렸습니다. 오케스트라와 관중석 사이에 제단을 마련했어요. '티멜레'라고 합니다. 티멜레에서 디오니소스에게 제를 올리고 연극을 시작하는 거죠. 극장 규모가 크면 별도 신전을 짓기도 했고요.

◆ **폼페이에 로마극장이 옛 모습대로 남아 있는데요. 그리스와 로마극장에 차이점이 있는지요?**

제전 성격이 강했던 그리스와 달리 로마에서 연극은 종교적인 색채가 약했습니다. 소재도 그리스와 같은 심오한 비극보다는 희극이나 통속적 일상극이 많았어요. 그리스 극장과 달리 오케스트라에 제단, 즉 티멜레를 설치

로마식 극장. 프랑스 오랑쥬

하지 않았답니다. 또 하나 중요한 차이는요. 그리스 극장처럼 높은 언덕을 관중석으로 활용하지 않았어요. 평지에 아치를 세워 관중석을 만들었지요. 평지이다 보니 관중석에서 스케네 너머로 바라볼 경치가 있는 것도

아니고요. 스케네를 높게 세웠습니다. 관중석 꼭대기와 같은 높이로요. 여름에는 천막 지붕도 씌우고요. 극장이 거대한 건물이 된 겁니다. 지중해 주변 극장을 보실 때 관중석이 산을 배경으로 있으면 그리스 시대 처음 만든

그리스 극장 제단 티멜레. 프리에네

것이고요. 평지에 만든 극장이라면 로마시대 지은 겁니다.

◆ 그때도 귀빈석 그러니까 VIP석이 있었나요?

정치 지도자나 부유층이 앉는 팔걸이 돌의자가 관중석 맨 앞줄에 마련됐어요. 요즘과 똑같은 거죠. 1인용 귀빈석도 있지만, 부부가 올 경우를 대비한 2인용 귀빈석도 화려한 조각과 함께 마련됐답니다. 지중해나 에게해 주변 그리스 유적지에 그리스 극장들이 다수 남아 있습니다. 그중 대표적이면서 가장 먼저 만들어진 극장이 아테네의 디오니소스 극장이에요. B.C534년 테스피스의 비극 공연이 처음 펼쳐지기 직전 완공됐을 것으로 추정되는데요. 1만7천여명을 수용하던 극장이 지금도 위용을 자랑합니다. 펠로폰네소스 반도 북부 에피다우로스 극장도 장엄한 모습으로 탐방객을 맞이합니다. 의술의 신 아스클레피오스 성역소가 함께 있습니다. B.C 4세기 말 건축됐는데요. 1만 4천여명

귀빈석. 프리에네 극장

페르가몬 그리스 극장

수용 규모예요. 한국인도 많이 찾는 터키로 가면요. 페르가몬 유적지에 헬레니즘 시대 건축된 대형 그리스 극장이 장관을 연출합니다. 터키 에페소스 극장은요. 헬레니즘 시대 B.C3세기 지었는데, 로마시대 확장하면서 수용규모가 무려 2만5천석으로 커졌어요. 지중해 연안 그리스 로마 극장 가운데 가장 큽니다. 터키 남서부의 아스펜도스, 시리아의 보스라, 남프랑스 프로방스 지방의 오랑쥬 극장 등은 거의 완벽에 가까운 형태로 거대한 로마 극장의 위용을 뽐냅니다.

에페소스 그리스 극장. 지중해 연안 최대 규모 그리스식 극장

타오르미나 그리스 극장. 멀리 흰연기를 뿜어내는 애트나 화산이 보인다.

◆ 그리스인들에게 연극은 가장 중요한 문화행사였죠?

고대 아테네에서는 국가가 연극제를 열고 경쟁부문 출품작을 심사해 시

크니도스 그리스 극장

상했어요. 전 국민이 즐기는 축제였거든요. 그러니, 극장은 신전과 함께 국가의 가장 중요한 시설 가운데 하나였습니다. 유럽에서는 지금도 옛 그리스 로마 극장에서 여름이면 연극이나 음악 공연을 펼친답니다. 2천5백여 년 넘게 극장은 인간의 삶을 더욱 풍요롭게 가꿔주는 문화공간으로 살아 숨쉽니다.

20

자전거...
1896년 조선에 자전거 14대뿐

방송 2022.4.22.

4월 22일은 세계 자전거의 날인데요. 자전거는 친환경 운송수단이잖아요. 국민 건강에 좋고요. 자전거 문화를 권장하기 위해 자전거의 날을 제정한 건데요. 자전거 도로를 만든다거나 주차장의 5%를 자전거 주차장으로 만드는 정책도 전개하고 있죠. 자전거의 유래와 한국 도입과정을 소개합니다.

◆ **자전거의 날 행사가 우리나라에만 있는 것은 아니지요?**

국제연합(UN)이 자전거 문화를 확산시키기 위해 정한 기념일, 세계 자전거의 날(World Bicycle Day)이 있어요. 날짜는 우리와 달라요. 매년 6월 3일입니다. 우리는 봄철 4월 말이 야외활동을 펼치기 제일 좋잖아요. 춥지도 않고 덥지도 않고요. 유럽 기준으로 보면 4월 말은 좀 추운 날씨죠. 5월 말에서 6월 초가 활동하기 제일 좋기 때문에 6월 초로 정한 게 아닌가 싶습니다. 우리는 6월 초면 너무 더워서 야외 자전거 행사가 적당하지 않아요.

◆ **언제부터 우리 한국인이 자전거를 타기 시작한 것인지요?**

알렌이라는 사람이 있어요. 구한말 주한미국공사로 일했는데요. 우리

말 이름 안연安連입니다. 1882년 조선과 미국이 수호통상조약을 맺고, 1883년 양국에서 비준돼요. 이듬해 1884년 미국공사관이 서울에 개설되고, 여기에 외교관으로 왔어요. 덕수궁 옆 정동 일대를 외국인 특히 서양인 거주지역으로 개척한 장본인이지요. 중국에 파견됐다가, 조선으로 왔는데, 이 사람이 의사예요. 1884년 10월 갑신정변 때 당시 민씨 정권의 실권자 민영익이 큰 상처를 입었는데요. 이를 고쳐주며 정부의 신임을 얻어 국내 최초의 서양식 의료기관 제중원을 설립합니다. 주한미국 공사로 승진한 알렌이 〈더 코리안 리포지토리(The Korean Repository)〉라는 간행물 1896년 8월호에 조선의 자전거 문화에 대해 기고해요. 1896년 8월 기준으로 "자전거가 확실하게 조선에 뿌리내리고 있다"면서 "14대의 자전거가 조선에서 이용되고 있으며 여러 대의 자전거를 외국에 주문해 놓은 상태"라고 기록합니다.

◆ 1896년에 14대의 자전거가 있었다면 한국 최초 자전거 도입은 언제인가요?

자전거를 처음 한국에 들여온 장본인은 개화기 활약한 윤치호로 추정돼요. 윤치호는 미국에 2번 다녀옵니다. 먼저 1883년 조미통상수호조약 체결을 위해 미국에 통역관으로 다녀오고요. 두 번째는 1884년 갑신정변 뒤 미국에 망명했다가 11년 뒤 1895년 귀국합니다. 1883년과 1895년 가운데 어느 한 시점에 미국에서 가지고 들어온 것으로 보입니다. 알렌의 기록에 1896년 8월 14대라는 점으로 미뤄 1895년이 좀 더 유력해 보입니다. 자전거 14대 시절 여성 이용자도 4명이 있다고 하고요. 놀랍죠. 치마 입는 조선 여성들이 이미 1896년 자전거를 탔다고 하니까요.

◆ 알렌이 남긴 구한말 자전거 문화 좀 소개해주시겠어요?

알렌은 서울에서 자전거 타기를 즐겼는데요. 서울 시내만이 아니에요. 외국에서 서울로 들어오려면 인천항을 이용했잖아요. 인천항은 조차 지역으로 독일이나 일본 같은 외국인들이 사무실을 차리거나 거주했습니다. 서울에 사는 외국인과 선교사들도 인천을 오갈 일이 많았겠죠. 알렌도 자전거로 인천을 오갔다고 기록해요. 알렌 자신은 특별한 일이 생기지 않으면 3시간 달려 인천에 도착했다고 합니다. 도중에 17분 정도 모래사장을 지나는 불편이 있었지만, 즐거운 자전거길이라고 평가했어요. 당시 자전거로 서울과 평양도 오간 것으로 알려져 있는데요. 저도 어려서 고향 어르신들께 일제 강점기 이천에서 서울까지 자전거로 오가며 일을 봤다는 얘기를 들었어요. 요즘 자전거 길이 잘 마련돼 서울에서 양평이나 멀리 충주까지도 자전거로 가잖아요. 이미 자전거 도입 초기 구한말부터 그 정도 장거리를 자전거로 오간 것이지요. 알렌 자신은 즐기기 위해 자전거를 타지만, 사람들은 "시골일(country work)"을 보기 위해 자전거를 타고, 또, 내륙으로 장거리 여행도 다녀왔다는 겁니다.

◆ 자전거 도입 초기 자전거와 관련된 흥미로운 일화들이 있는지요?

1905년 12월에 정부가 "야간에 등화 없이 자전거를 타는 것을 금한다"는 「가로관리규칙街路管理規則」이라는 도로 관리 지침을 내놔요. 밤에 안전사고가 생기는 것을 막기 위한 조치였지요. 1908년 자전거 2대를 수입해 공적 용도로 사용했다는 기록도 있고요. 관용차로 쓴 것이겠죠. 자전거 대회도 있었는데요. 1906년 4월 22일 을지로 6가에서 제1회 자전거 경주대회가 열렸다고 합니다. 육군 참위(현재 소위) 권원식과 일본인이 결승을 치렀다는 기록이 있습니다.

◆ 자전거라면 영화로도 만들어졌습니다만, 엄복동이라는 인물을 지나칠
수 없어요.

자전거 가게 점원으로 일하다 선수가 돼 일본인들을 누르고 우승하며
억눌렸던 민족정신을 일깨웠던 인물이죠. 엄복동은 1913년 전조선 자전
거대회에서 처음으로 우승하고요. 이후 1920년 경복궁에서 열린 자전거
대회 일화로 유명해졌죠. 40바퀴 시합에서 엄복동은 다 돌고 일본인 선수
가 아직 못 돈 가운데 주최 측이 경기를 중단시킨 거에요. 분개한 엄복동
이 본부석으로 가서 우승기를 찢어버리고, 일본인들이 엄복동 선수를 구
타하면서 한국 관중들이 들고일어난 사건입니다. 엄복동이 타던 자전거
는 1910년-1914년 사이 영국 러지 위트워스사 제품인데요. 2010년 국가
등록문화재로 지정됐습니다. 엄복동 선수는 1926년은 물론 1950년에도
자전거 절도 사건과 관련해 처벌을 받는 등 불미스러운 사건에 연루돼 말
년에 부정적인 평가를 받았습니다.

◆ 자전거는 그럼 세계적으로 언제 처음 만들어진 것인가요?

1791년 프랑스의 귀족 시브락이 만든 셀레리페르(Célérifère)라는 장치를
자전거의 기원으로 꼽습니다. 아이들이 타고 놀던 목마에서 힌트를 얻은
것인데요. 나무로 된 두 개의 바퀴를 연결해 별도의 안장이 없어요. 페달
이나 핸들도 없고요. 나무 바퀴 두 개를 연결한 뒤, 연결지점의 중간에 서
서 발로 땅을 밀면서 움직인 거죠. 일종의 놀이기구였던 겁니다. 프랑스어
로 슈발 드 부아(Cheval de Bois), 그러니까, 목마라는 이름으로 불렸습니다.
이후 방향전환이 가능한 핸들과 앉는 장치 안장을 구비한 자전거가 나온
것은 1817년 독일 만하임에서입니다. 독일 사람 드라이스가 만들었는데
요. 1년 뒤, 1818년 파리에서도 이 자전거를 선보이면서 주목을 받았지요.

물론 이때도 페달은 없었습니다. 그러니까 사람의 발로 땅을 디뎌 구르는 장치였죠.

◆ 페달을 밟는 자전거, 현대적 의미의 자전거가 처음 등장한 것은 언제인 지요?

1839년 영국 스코틀랜드 사람 맥밀란이 바퀴에 페달을 달아 발을 땅에 대지 않고 구르는 자전거를 선보인 겁니다. 3년 뒤 1842년 스크틀랜드 글래스고우의 한 신문이 처음으로 페달을 밟아 움직이는 자전거에 대해 보도합니다. 이후 프랑스의 미쇼가 1861년 벨로시페드(Velocipede)를 만듭니다. 앞바퀴에 페달을 단 벨로시페드를 1861년 2대, 1862년 142대, 1865년에는 400대나 팔았습니다. 자전거, 바이시클(Bicycle)이란 말은 1847년 프랑스에서 처음 쓰였다고 하는데요. 인쇄 기록으로는 영국의 데일리 뉴스(The Daily News)라는 신문에 1868년 처음 등장합니다. 1869년 프랑스에서 금속 바퀴에 고무를 댄 자전거가 등장해요. 메이어라는 파리사람이 만들어 특허 등록했는데요. 앞바퀴가 굉장히 크고 높아요. 뒷바퀴는 비정상적으로 작고요. 이런 스타일의 자전거를 흔히 영어로 "페니 파딩(penny-farthing)"이라고 불러요. 페니는 영국 화폐단위죠. 파딩은 1페니의 4분의 1 가치이고요. 앞바퀴가 페니, 뒷바퀴는 4분의 1 크기의 파딩이라는 의미로 붙인 이름입니다. 일반적으로는 "오디너리 바이시클(ordinary bicycle)"이라

페니 파딩 자전거. 앞바퀴가 크고 뒷바퀴는 작다. 1869년 처음 등장한 초기 형태 페달과 고무를 바퀴에 댄 자전거. 영국 톤턴 박물관

고 불러요. '보통의 자전거'라는 이름이죠. 요즘 보면 전혀 보통의 모습이 아니지만, 당시는 앞바퀴가 높고 큰 자전거가 보통처럼 보였던 것이지요.

◆ 요즘처럼 앞뒤 바퀴 크기가 갖고, 공기 주입 타이어를 쓰는 자전거는 언제 등장하나요?

영국의 해리 로슨이 1876년에 최초로 앞 뒤 바퀴 높이가 비슷한 자전거를 고안한 후 1879년 바이시클릿(Bicyclette, 소형 자전거라는 뜻)으로 특허를 얻어요. 앞뒤 바퀴 높이가 같아서 안전하고, 바퀴가 난장이처럼 작아진 자전거라는 의미로 "안전 난장이(dwarf safeties)"라고 불렀어요. 안

안전 자전거(세이프티 자전거). 앞뒤 바퀴의 크기가 같아진 자전거. 1876년 처음 등장했다. 영국 톤턴 박물관

전한 자전거라는 의미로 "세이프티 바이시클(safety bicycle)", 그러니까 "안전 자전거"로도 불렸고요. 1880년대 이런 안전 자전거가 보급되던 가운데, 공기 주입 타이어를 부착한 자전거가 나와요. 주역은 1887년 스코틀랜드 수의사 던롭(Dunlop)입니다. 1888년 특허를 얻어요.

◆ 던롭 상표의 던롭이 발명자 이름이군요?

그렇습니다. 던롭이 공기 주입 타이어 자전거를 보급하면서 1890년대 자전거 수요가 비약적으로 늘어나요. 개발자 던롭의 이름을 딴 제조업체는 세계적인 회사로 성장해요. 알렌이 1896년 조선에 14대 있었다는 자전거는 바로 이 1888년 이후 공기 타이어 장착 자전거죠. 그렇다면 앞서 말

자전거 판매점. 프랑스 푸아티에

유모차 겸용 자전거. 프랑스 푸아티에

쓴드린 것처럼 윤치호가 미국에서 자전거를 들여온 시점을 1883년이 아닌 1895년으로 보는 게 타당합니다. 1891년에 ≪휠(Wheel)≫이라는 잡지를 보면 당시 사람들이 자전거를 어떻게 인식했는지 알 수 있어요. "남성과 여성, 아이들 모두가 자전거를 즐길 수 있다"고 평가하면서 "지금까지 개발된 스포츠 가운데 가장 상쾌하고 건강에 이로운 운동"이라고 격찬합니다.

21

철도...
환경 오염 이유 철도 결사반대

방송 2022.7.1

6월 28일은 철도의 날입니다. 2018년까지는 철도의 날이 9월 18일이었어요. 1899년 20세기를 눈앞에 두고 인천 제물포항에서 시흥군 노량진까지 철도가 개통된 날을 기념한 것이었어요. 그런데, 이 경인선 철도 개통이 일제에 의한 사업이라고 일제 잔재 청산 차원에서 6월 28일로 바꾼 거예요. 1894년 6월 28일 조선 정부에 철도국이 만들어진 날입니다. 철도의 역사와 국내 도입에 대해 살펴보겠습니다.

◆ **국내 첫 철도 경인선은 어떤 과정을 거쳐 개설됐는지요?**

조선 정부는 제물포-노량진 철도부설권을 미국인 모스에게 부여했어요. 모스는 1897년 3월 29일 인천 우각현에서 한국인 인부 350여 명을 동원해 기공식을 가졌습니다. 하지만, 이후 자금조달에 실패하면서 조선 정부의 허가도 없이 부설권을 일본에 팔아버려요. 1898년 12월 부설권을 사들인 일본은 공사에 속도를 낸 끝에 제물포-노량진 33㎞ 구간을 1899년 9월 18일 완공시킵니다. 이듬해 1900년 7월 5일 한강 철교를 준공한 뒤, 11월 12일 서울역까지 노선을 연장 개통합니다.

◆ 그때 철도 속도는 어땠는지요?

당시 미국에서 수입한 열차 운행속도는 시속 20~22㎞(최고 속도 60㎞)였습니다. 노량진~제물포 구간을 1시간 30분에 달렸어요. 알렌이 자전거로 3시간 걸렸다고 하는데, 자전거보다 2배 속도였던 거죠. 하루 2회 왕복 운행했고요. 당시 최초의 한글신문이죠. 〈독립신문〉이 전하는 경인선 개통소식을 보면요. "경인철도회사에서 어제 개업예식을 거행하는데… 경성의 내외국인 빈객들을 수레에 영접하여 앉히고…화륜거 구르는 소리는 우레와 같아 천지가 진동하고 기관거의 굴뚝 연기는 반공에 솟아오르더라." 오늘날은 차라고 하지만 당시는 수레 '거'자를 써서 화륜차가 아닌 화륜거라고 표현한 대목이 이색적이죠. "수레 속에 앉아 영창으로 내다보니 산천초목이 모두 활동하여 닿는 것 같고 나는 새도 미처 따르지 못하더라. 80리 되는 인천을 순식간에 당도하였는데… 진실로 대한 사람의 눈을 놀라게 하더라." 과장된 표현이 보입니다만, 당시 문명의 산물에 놀라워하던 장면을 역사기록에서 확인할 수 있습니다.

◆ 서울역의 고풍스러운 구 역사건물은 1900년 경인선 개통과 함께 완공된 것인가요?

1900년 경인선 완전 개통과 함께 운영을 시작한 서울역은 30평 조금 넘는 크기의 목조 간이 역사입니다. 오늘날 우리가 보는 구 서울역사는 25년 뒤인 1925년 완공됐어요. 1910년 일제가 조선을 강제 병합하고, 서양식 건축기법을 동원한 건물들을 다수 짓기 시작해요. 조선 총독부 건물은 서울역사 준공 1년 뒤 1926년 완공했고요. 오늘날 보는 구 서울시청사도 1926년 준공됩니다. 총독부 건물은 1994년 철거됐지요. 구 서울역사는 사적 284호로 지정돼 있습니다. 서울역사는 1914년 도쿄에 완공된 도쿄 역

1925년 완공한 서울역 청사. 지금은 전시관으로 활용한다.

사의 4분의 1규모입니다. 돔 형태 지붕과 붉은색 외장 마감재를 사용해 서양의 로마네스크, 르네상스 양식을 살린 건물이에요.

◆ 우리 철도역사는 1899년 경인선에 이어 이후 어떻게 전개되나요?

일제의 조선 침략정책에 발맞춰 급속하게 진행됩니다. 1905년 1월 1일 서울-부산의 경부선을 개통하는데요. 러시아와 러일전쟁을 치르던 일본이 전쟁을 더욱 효율적으로 뒷받침하기 위해 경부선 개통을 서두른 결과입니다. 1년 뒤 1906년 4월 서울-신의주 경의선을 완공시킵니다. 1914년에는 대전-목포 호남선과 용산-원산의 경원선을 개통시키고요.

◆ 일본이나 중국에는 철도가 언제 들어왔는지요?

일본의 철도는 우리보다 27년 앞섭니다. 1872년 10월 14일인데요. 수도 도쿄의 신바시와 도쿄의 관문 항구죠. 요코하마 사이에 철도를 처음 건설했어요. 이후 일본은 국영은 물론 민간 회사들이 나서 철도를 건설하면서 기술력을 쌓아요. 이를 기반으로 식민지 대만과 조선, 만주로 철도 건설을 확대한 겁니다. 중국의 철도역사를 보면 왜 중국이 일본에 뒤졌는지 잘 읽힙니다. 영국기술진이 1865년 북경에서 철도기술을 선보였어요. 임시 궤도를 깔고요. 그런데 중국 당국이 괴이하다면서 철거해 버립니다. 다시 11년 뒤, 1876년 이번에는 상해에 외국 자본이 들어와 시범 설치했지만, 역시 당국이 철거를 명했어요. 이때 철거된 철도는 1884년 대만으로 옮겨져 설치됩니다. 중국에서 첫 철도 결실은 1881년 맺어지는데요. 당산시에 10km 철도가 부설됐고, 청나라 당국도 철거하지 않았어요. 일본에 9년 뒤진 겁니다. 수천년 역사에서 항상 선진문물을 일구며 앞서던 중국이 19세기 후반 일본에 뒤지는 단적인 모습입니다.

◆ 그렇다면 아시아에서는 일본이 가장 빨랐던 것인가요?

아시아에서 철도 건설이 가장 빨랐던 나라는 인도입니다. 이미 1832년 인도 남부 타밀 지역의 마드라시에서 철도 계획이 수립돼요. 이어 1836-37년 1년 동안 철도가 개설돼 도로건설용 화강암을 운송합니다. 1845년에는 댐건설, 1851년에도 도로건설 석재 운반용으로 개설돼요. 이들 철도는 석재운반이 끝난 뒤 해체됩니다. 인도에 승객수송용으로 처음 철도가 개설된 것은 1853년 4월 인도 최대 무역항이죠. 뭄바이에 34km 구간의 철도가 개통됩니다. 일본보다 무려 19년이 빠른데요. 1862년에는 철도공장이 생기고, 1864년 오늘날 인도의 수도죠. 델리와 동부 항구도시 캘커타가 철도로 연결돼요. 1873년에 나온 프랑스 쥘 베른의 소설이죠. 『80일간의 세계일주』에도 델리-캘커타 철도 이야기가 나옵니다. 이렇게 인도에서 철도가 일찍 개통된 데는 다 이유가 있습니다. 일본의 식민 정책 일환으로 조선에 철도가 건설됐다면, 영국의 인도 지배정책으로 영국과 거의 동시에 인도에서도 철도 역사를 전개한 것입니다.

◆ 영국이 세계 최초로 철도를 개설한 나라인가요?

그렇습니다. 영국 철도의 아버지는 스티븐슨인데요. 1813년부터 증기기관차 제작에 나섰어요. 광산 소유주가 석탄을 실어 나르기 위해 증기기관차 제작을 의뢰한 것인데요. 이미 18세기 말 증기기관이 제임스 와트에 의해 개발됐거든요. 스티븐슨의 첫 증기기관차 블뤼허(Blücher)호는 1814년 7월 25일에 성공적으로 운행됩니다. 석탄을 실은 화차 8량을 달고 시속 6.5㎞의 속도로 부두까지 무사히 달린 거예요. 8년 뒤인 1821년 스톡턴과 달링턴을 잇는 철도 건설 공사가 의회승인을 얻었어요. 스티븐슨이 기관차 제작을 맡았지요. 이 사업에 참여하면서 스티븐슨은 1823년 뉴캐슬에 기관차 공장을 차렸고요. 1825년 9월 27일 세계 최초로 여객을 태운 철도 운행에 성공했습니다. 스티븐슨이 이때 제작한 로커모션(Locomotion)호는 화차 6량과 객차 28량으로 구성됐는데요. 시속 20㎞로 달렸습니다. 하지만, 열차가 지속적으로 운행된 철도의 역사는 1830년 실현돼요. 리버풀과 맨체스터를 잇는 철도지요. 1829년 5월 1일 리버풀-맨체스터 기관차 공모전이 열리고, 모두 7개 제작자가 참여했는데요. 예심을 거쳐 3명이 결선을 벌였습니다. 유일하게 완주한 스티븐슨의 기관차가 선정됐어요. 평균 22.5㎞, 최고 시속 46.6㎞를 찍었지요. 리버풀-맨체스터 철도 45㎞가 1830년 9월 15일 개통돼 철도 여객운송 시대를 엽니다. 1830년대 철도는 유럽

철도 종주국 영국 런던의 세인트 판크라스역. 런던에서 도버해협 터널을 통해 대륙의 프랑스 파리나 벨기에 브뤼셀, 네덜란드 암스테르담을 연결한다.

각지와 미국으로 전파됩니다.

◆ 철도개설 초기 철도 반대 목소리도 거셌다고 하는데 이유는 무엇이었
는지요?

1824년 스티븐슨이 영국의회로부터 리버풀-맨체스터 철도개설 허가를
얻을 무렵 반대 청원의 내용을 보면요. 우선, 환경과 인간에 악영향을 미
친다는 것인데요. "기관차 연통에서 나오는 독가스가 주변 가축과 숲속의
새들을 죽일 것이다", "암소는 우유를 생산하지 못하고, 암탉은 달걀을 낳
지 못할 것이다", "연통에서 튄 불꽃이 철도 근처 집을 태우고, 증기 가마
가 터져 승객이 화상을 입을 것이다", "사람들이 기차의 빠른 속력을 못 견

더 이성을 잃어 미칠 것이다" 등입니다. 눈여겨 볼 대목은 일자리 감축. "우편 마차 마부, 역마차 역 음식점 주인들은 거지가 될 것"이라는 것인데요. 반대 청원을 냈던 사람들도 주로 역마차 운영자나 운하업자들이었어요. 신기술로 전통 산업이 고사할 위기에 처하면서 나온 반대론입니다. 산업혁명기간 동안 기계 작업으로 일자리를 잃은 수공업 노동자들이 기계를 파괴했던 19세기 초 러다이트 운동과 같은 맥락입니다. 지금도 인공지능이나 첨단 기술이 개발되면서 사람 대신 기계가 일하는 사이 많은 일자리가 줄잖아요. 기술발전이 가져오는 인간사회 숙명으로 이 문제를 어떻게 지혜롭게 해결하느냐에 사회안정과 인간 행복이 결정되겠지요.

22. 카타르 월드컵...
4강 돌풍 모로코, 문명의 교차로

방송 2023. 1. 6.

2022년 카타르 월드컵에서 모로코가 강호 벨기에, 스페인, 포르투갈을 차례로 꺾으며 돌풍을 일으켰는데요. 마그레브(Maghreb, 아랍어로 서쪽 의미, 이집트 서쪽의 이슬람 국가를 가리키는 말)와 메나(MENA, Middle East와 North Africa를 합친 말로 모로코에서 아라비아반도까지 지역) 국가 가운데 첫 월드컵 4강의 위업을 일

모로코 페스

권죠. 문명의 교차로 모로코의 다문화 역사를 들여다봅니다.

◆ 모로코의 지형과 기후부터 소개해 주시죠.

면적이 44만6천㎢이니까요. 한반도의 2배. 남한의 4.5배입니다. 국토의 북부는 지중해, 서부는 대서양에 접하고요. 남동부는 사하라 사막입니다. 온화한 기후의 비옥한 지중해안과 대서양 연안, 건조한 사막까지 다양해요. 제가 11월에 가봤는데 우리네 9월말 정도 날씨더라고요. 인구는 3천7백만명 정도고요. 아랍어를 사용하고요. 토착 베르베르인들의 언어와 프랑스 식민지 경험으로 프랑스어도 통용됩니다. 중세 서유럽사람들이 무어(Moor)인이라고 부르기도 했는데요. 코카서스 인종이지만, 피부가 좀 검고요. 머리가 흑발인 베르베르족입니다. 인구의 99%는 수니파 이슬람교도이고요. 수도는 라바트인데요. 남부 내륙의 마라케시(Marrakesh)가 모로코 전통을 대표하는 관광중심지입니다. 마라케시에서 모로코(Morocco)라는 나라 이름이 나왔어요. 대중적으로 널리 알려진 도시는 카사블랑카에요. 산업과 경제 중심지죠.

◆ 대서양 연안 도시 카사블랑카가 영화나 팝송에도 등장하죠?

카사블랑카는 험프리 보가트와 잉그리드 버그만이 주연한 영화, 1942년 2차세계 대전 기간 제작된 「카사블랑카가」의 무대죠. 전쟁 무풍지대 미국으로 가려는 사람들이 일단 포르투갈 리스본으로 가기 위해 모로코 카사블랑카에 모여들며 벌어지는 에피소드인데요. 제목과 달리 촬영은 헐리우드 세트에서 이뤄졌습니다. 80년대 초반 인기를 모은 팝송이죠. 버티 히긴스의 「카사블랑카」도 대중문화에 등장하는 카사블랑카이고요. 2015년 개봉한 다니엘 크레이그 주연의 007영화죠. 「스펙터」 모로코에서 사막

장면 촬영이 이뤄졌어요.

◆ 모로코를 다문화 차원에서 '문명의 교차로'라고 표현하는데, 그리스신
  화에도 등장한다고요?

그리스 신화에 2가지 에피소
드로 등장합니다. 먼저 아틀라스
요. 아틀라스는 그리스 신화에서
불을 인간에게 준 프로메테우스
와 형제입니다. 티탄, 거대한 신,
거신족입니다. 제우스 중심의 올
림포스 12신이 티탄족과 전쟁을
벌여 제압하는데요. 패배한 티탄
족의 아틀라스는 천구 즉 우주를
받치는 벌을 받습니다. 하늘이
무너져 내리지 않는 것은 아틀라

아틀라스 조각. 로마시대. 나폴리 국립박물관

스가 받치고 있기 때문이라는 거
죠. 그 장소가 고대 그리스인들에게 지구의 서쪽 끝 오늘날 모로코예요.

◆ 모로코에서 알제리, 튀니지에 걸쳐 있는 아틀라스 산맥을 말하는 것인
  가요?

그렇습니다. 그리스 신화에서 페르세우스가 지구 끝에 살던 고르곤 3자
매를 찾아가 막내 메두사의 목을 베는 과정에 아틀라스를 만나요. 그런데
아틀라스가 페르세우스를 도와주지 않은 거예요. 화가 난 페르세우스는
베어 온 메두사의 얼굴을 보여줬어요. 메두사 얼굴을 정면으로 보면 누구

메두사의 목을 든 페르세우스와 안드로메다. 로마 모자이크. 튀르키예 가지안테프 제우그마 모자이크 박물관

나 돌이 되잖아요. 아틀라스가 그만 아틀라스 산맥으로 변하고 맙니다.

◆ **모로코가 그리스 신화와 연결되는 두 번째 에피소드는 무엇인지요?**

헤라클레스. 로마시대 조각. 나폴리 국립박물관

천하장사 헤라클레스는 페르세우스의 증손자랍니다. 아틀라스 산맥 옆에는요. 아틀라스의 딸 헤스페리데스가 운영하는 사과 과수원이 있는데요. 그 나무에서는 황금 사과가 열려요. 헤라클레스는 황금 사

과 3개를 얻어야 하는데요. 이곳에 왔다가 아틀라스 산맥을 두 손으로 가릅니다. 그 바람에 유럽과 아프리카가 갈라지고 그 틈새로 물이 들어와 지중해가 생겼어요. 아프리카와 유럽을 가른 좁은 틈을 헤라클레스의 기둥이라고 불러요. 기둥 2개 가운데 하나는 유럽 스페인, 하나는 아프리카 모로코요. 지금은 지브롤터 해협이라고 명명됐지만, 그리스 로마 시대에는 헤라클레스의 기둥이라고 불렀습니다.

◆ 대서양이라는 이름도 아틀라스와 관련 있다고요?

네. 대서양을 아틀란틱 오션(Atlantic Ocean)이라고 하는데요. 바로 아틀라스(Atlas)의 바다라는 뜻이랍니다. 모로코와 그리스 신화 연결지점이 다양하죠.

◆ 신화를 떠나 역사로 거슬러 올라가면요. 어느 나라가 맨 먼저 모로코 땅으로 오는지요?

페니키아였어요. 페니키아는 현재 서양 모든 언어에 사용하는 문자, 즉 라틴문자의 원형 페니키아문자를 B.C11세기 경 만든 민족이죠. 오늘날 레바논이 거점인데요. 지중해 전역 나아가 모로코 대서양 연안과 영국까지 교역했어요. 각지에 교역 거점도 만들었는데요. 대표적인 곳이 B.C813년 튀니지에 만들었다는 카르타고입니다. 한니발의 카르타고요. 이어 서쪽으로 더 진출해 B.C6세기 모로코에 식민도시를 설치했고요. 페니키아가 페르시아 제국에 멸망한 뒤로 모로코는 카르타고 제국에 포함됩니다. 하지만, 카르타고가 B.C241년 1차 포에니 전쟁에서 로마에 패해 약화되죠. 이 틈을 타 모로코와 알제리에 첫 독립국가 마우레타니아가 수립돼요.

◆ 마우레타니아가 클레오파트라와도 연결된다고요?

프톨레마이오스. 클레오파트라와
안토니우스의 외손자

카르타고는 B.C146년 3차 포에니 전쟁에서 로마에 패하며 멸망해요. 마우레타니아는 이후 로마와 가까워지다 B.C33년 로마의 협력국이 돼요. 사실상 속국이죠. 로마는 4대 클라우디우스 황제 때 44년 마우레타니아를 병합해 로마의 속주로 삼습니다. 이때 마우레타니아의 마지막 왕 프톨레마이오스가 바로 클레오파트라의 외손자예요. 사연은 이래요. B.C31년 그리스 악티움 해전에서 로마의 패권을 놓고 옥타비아누스와 안토니우스의 혈전이 펼쳐졌는데요. 여기서 옥타비아누스가 승리해요. 패한 안토니우스는 자결하고요. 이듬해 B.C 30년 클레오파트라도 자결합니다. 옥타비아누스는 안토니우스와 클레오파트라 사이에서 태어난 딸 클레오파트라 셀레네 2세를 로마로 데려가 협력국 마우레타니아 왕 유바 2세와 결혼시킵니다. 여기서 태어난 프톨레마이오스(안토니우스와 클레오파트라의 외손자)가 마우레타니아 마지막 왕입니다.

◆ 이후 로마가 모로코를 지배한 것인가요?

그렇습니다. 모로코에 볼루빌리스라는 로마 유적지를 다녀왔는데요. 지금도 로마시대 개선문이나 신전, 저택 유적이 잘 남아 있어요. 429년 게르만족 일파 반달족이 쳐들어와 모로코를 지배합니다. 6세기 잠시 동로마 제국 시대를 거쳐 7세기 후반 아랍인들이 찾아와요. 661년 등장한 이슬람 우마이야 왕조의 장군 무사 이븐 누사이르가 모로코에 오는데요. 이슬람 개종을 강요하지 않았어요. 이 덕에 오히려 많은 베르베르인들이 자발적으로 이슬람에 귀의하며 누사이르 장군의 휘하에 들어와요. 모로코는 680년경 이렇게 이슬람 땅으로 바뀝니다.

볼루빌리스 로마 유적

◆ **모로코 기반의 이슬람교도들이 스페인과 포르투갈 지역을 이슬람화하는 것인가요?**

5세기 게르만의 일파 서고트족이 이베리아 반도를 차지하고 서고트 왕국을 세웁니다. 당시 모로코 지역에 있던 서고트족의 영토 세우타 책임자는 율리아누스인데요. 아랍 장군 누사이르에게 서고트 왕국을 치라고 부추깁니다. 율리아누스는 서고트왕 로데릭이 자신의 딸을 강간한데 앙심을 품고 있었거든요. 그래도 망설이는 누사이르 장군에게 율리아누스는 서고트 왕국이 비옥하고 풍요로우며 보화로 넘쳐난다고 설명해요. 대형 궁전들, 무엇보다 미인들이 많다고 유혹했어요. 고민하던 누사이르가 유럽침략의 결단을 내립니다. 711년 베르베르족 이슬람 군대를 동원해 서고트 왕국을 무너트립니다. 그 주역이 모로코 토착 베르베르족 출신 타릭 이븐 지야드 장군이에요. 아랍어로 산을 자발(Jabal)이라고 하는데요. 타릭 장군이 상륙한 산이라고 해서 '자발 타릭'이라 불렀는데, 훗날 지브롤터(Gibraltar)로 바뀝니다. 지브롤터는 1704년 스페인 왕위계승 전쟁 때 영국령으로 바뀝니다. 지금까지요.

◆ **스페인의 그 유명한 알함브라 궁전도 모로코 이슬람교도와 관계되나요?**

맞습니다. 아랍 이슬람 우마이야 왕조에 이어 아바스 왕조의 힘이 약해
지면서 모로코에는 토착 베르베르족 이슬람왕조가 수립됩니다. 780년경
이드리스 왕조에 이어 알 모라비드 왕조, 알 모하드 왕조로 이어져요. 스
페인 남부를 안달루시아 지방이라고 하는데요. 세비야, 코르도바, 그라나
다가 대표도시죠. 여기 그라나다에 있는 궁전이 알함브라입니다. 모로코
기반의 베르베르족 이슬람 세력이 만든 궁전이죠. 알함브라 궁전의 추억
이라는 감미로운 기타선율은 모로코 출신 이슬람 세력 덕분에 들을 수 있
는 거죠. 1492년 콜럼버스가 아메리카를 발견하던 해 이슬람 세력이 퇴출
됩니다. 711년부터 시작된 이슬람의 이베리아 반도 지배가 800여년 만에
마무리된 거죠. 알함브라에서 눈물을 머금고 쫓겨난 이슬람 세력은 모로
코로 갑니다.

◆ **모로코 이슬람 세력이 학문도 발전시켰다고요?**

로마 유적지 볼루빌리스 옆에 유서 깊은 도시 페스가 있습니다. 이슬람
학문의 중심지였어요. 페스에서 공부한 유명한 이슬람 학자가 이븐 바투
타입니다. 1304년 대서양 연안 탕헤르에서 태어나 페스에서 공부한 뒤, 북
아프리카 각지를 거쳐 메카로 성지순례를 떠납니다. 알렉산드리아에 들러
헬레니즘 시대 불가사의로 기록된 파로스 등대 모습을 기록에 남기기도
합니다. 아라비아 반도, 튀르키예, 중앙아시아, 인도를 거쳐 해상으로 중
국까지 다녀와요. 고향 모로코로 돌아와 여행기를 쓰는데요. 1356년 펴낸
『도시들의 진기함, 여행의 경이 등에 대하여 보는 사람들에게 주는 선물』
이란 책입니다. 이슬람 문명을 떠나 중세 후반 인류사에 길이 남을 역작입
니다. 1300년 경 출간된 마르코 폴로의『동방 견문록』보다 56년 늦습니다.

◆ 근대 들어오면서 모로코는 서구 각국의 침략을 받죠?

포르투갈이 1415년 200여 척의 전함에 1,700명 수병, 1만 9,000명 전투병을 동원해 모로코로 쳐들어와 세우타를 정복합니다. 세우타는 지브롤터 맞은편에 자리한 아프리카 최북단으로 아프리카 진출의 교두보지요. 포르투갈은 이후 아프리카 서부해안을 따라 남쪽으로 항해 영역을 넓히다 1488년 남아프리카 희망봉, 1498년 인도까지 나갑니다. 15세기 이후 포르투갈과 스페인은 지속적으로 모로코에 침략했어요. 오스만 튀르키에도 모로코에 쳐들어오고요. 1830년 알제리를 식민지로 삼은 프랑스가 호시탐탐 모로코를 노리다 1912년 모로코를 보호령으로 삼습니다. 스페인과 함께요. 모로코는 끝없이 독립투쟁을 벌였고요. 1956년 3월 독립을 쟁취합니다. 한 달 뒤, 4월 스페인도 모로코에서 손을 떼 모로코는 완전한 독립 왕국으로 오늘에 이릅니다.

23

우크라이나...
여신숭배 스키타이 문화

방송 2022.3.11.

러시아가 우크라이나를 침공했죠. 강대국의 침략으로 큰 피해를 겪은 우리 입장에서는 동병상련인데요. 우크라이나에는 까레이스키라고 하죠. 구 소련 시대 강제 이주된 고려인 즉 우리 한국계 주민들도 살고 있습니다. 역사적으로 우크라이나는 스키타이, 훈, 몽골의 초원 기마민족이 지배하던 문명의 교차로였습니다. 다문화 관점에서 우크라이나 역사로 들어가 봅니다.

◆ 스키타이 민족의 문화적 특징은 무엇인지요?

스키타이는 이란지역에서 북으로 올라간 페르시아 계열 민족인데요. B.C6세기 동서양에 걸쳐 광대한 제국을 일궜던 페르시아도 스키타이를 굴복시키지는 못했습니다. 스키타이인들을 묘사하는 유물을 보면요. 안장 없이 말의 맨 등에 올라타고, 묶지 않은 긴 머리를 휘날리며 용감하게 달립니다. 강한 전우애를 지녔던 것으로도 추정돼요. 전사들끼리 술잔을 나눠 마시며 유대감을 표현하는 유물이 전해지거든요. 서양 문명에서 최초의 역사책이라고 하죠. B.C5세기 그리스 헤로도토스가 쓴 『역사』에 보면요. 스키타이 사람들의 특징이 나와요. 장례식 때 지도자는 여러 명의 아내 가운데 1명을 순장시키는데, 순장되는 여인은 자신이 선택된 것에 행복해했대요. 순장되지 않는 부인들은 오히려 슬퍼했다고 합니다. 장례식 때 이집트식으로 미라를 만들고요. 높은 마차에 시신을 싣고 마을을 돈 뒤, 마차, 말과 함께 묻는다고 기록합니다.

◆ 우크라이나가 고대 동서 문화 교류에 이바지한 측면이 크다고요?

스키타이는 우크라이나를 거점 삼아 서쪽으로 폴란드와 헝가리, 남으로는 그리스와 페르시아, 동으로는 카자흐스탄을 지나 몽골초원까지 유라시아 대륙을 누빈 기마민족입니다. B.C7세기-B.C2세기 유라시아 대평원의 주역은 스키타이였습니다. 스키타이가 지중해 연안의 문화를 몽골초원 지역까지 전파합니다.

우크라이나 수도 키이우 전경

◆ 스키타이가 전파한 대표적인 문화는 무엇인지요?

황금문화입니다. 스키타이 황금유물을 소장하고 있는 대표적 박물관이 우크라이나 수도 키이우(키에프) '라브라'보물관과 러시아 상트페테르부르그의 에르미타쥬 박물관입니다. 두 군데 모두 다녀왔는데요. 에르미타쥬 박물관의 스키타이 황금유물은요. 이집트의 투탕카몬 황금관을 제외한다면 지금까지 고대사회 지구촌에서 출토된 황금유물 가운데 가장 압도적으로 화려합니다. 스키타이의 황금 문화는 스키타이 종교의 태양 숭배와 관련이 있어요. 밝게 빛나는 태양 광채를 황금으로 상징한 거죠. 또 하나 끝없이 이동하는 기마 민족에게 어디로 가든 값어치 있는 것은 황금이니까요. 스키타이의 영향을 받은 중아아시아 초원지대와 몽골초원의 훈(흉노)족도 많은 황금유물을 남깁니다.

스키타이 전투 장면. B.C4세기. 상트페테르부르그 에르미타쥬 박물관

◆ 스키타이의 고분 문화도 유라시아 대륙 전체에 걸쳐 나타난다고요.

프랑스 대서양 연안부터 동유럽, 중앙아시아, 시베리아, 몽골 초원, 우리나라와 일본에 걸쳐, 중국도 마찬가지고요. 공통적인 무덤 양식은 위로 둥그렇고 큰 봉분 무덤 쿠르간입니다. B.C 4천년경 대서양 연안에서 시작돼 유라시아 대륙을 가로질러 퍼진 문화인데요. 스키타이의 쿠르간은 적석목곽분이에요. 적석이란 돌을 쌓는다. 순우리말로 돌무지라고 하고요. 목곽은요. 목은 나무이고 곽은 관, 혹은 관보다 큰 사각형

스키타이 전사 복원 모형. 키이우 라브라 보물관

집을 말해요. 황금으로 치장한 시신을 관에 넣고요. 다양한 유물을 담은 함도 관 옆에 둡니다. 그 위에 통나무로 사각형 곽을 짓는 거예요. 그 위로 엄청난 양의 돌을 쌓습니다. 돌 무더기 위에 흙을 둥그렇게 덮어 적석목곽분을 완성시킵니다. 돌무지 덧널 무덤입니다. 이런 스키타이 무덤이 우크라이나에 남아 있고요. 스키타이의 이동 경로를 따라 중앙아시아 카자흐스탄, 시베리아, 몽골초원, 신라의 경주에서 공통적으로 나타납니다.

스키타이 인물. B.C4세기.
모스크바 역사박물관

스키타이 칼 아케나케스. B.C4세기. 키이우 라브
라 보물관

스키타이 여성 장식. B.C5세기. 키이우 라브라
보물관

스키타이 황금 팔찌. B.C4세기. 키이우 라브
라 보물관

스키타이 귀족 여성 황금관. 복제품. 키이우 라브라
보물관

스키타이 쿠르간. B.C4세기. 크림반도 케르치

그리스 신전. 크림반도 케르치

◆ 우크라이나 남부 크림반도에는 스키타이말고도 그리스 문명의 유적
  도 남아 있다고요?

　2014년 러시아가 우크라이나 남부 크림반도를 강제합병했잖아요. 크림반
도 안쪽으로 흑해와 연결되는 아조프해가 있는데요. 흑해와 아조프해를 잇
는 해협에 케르치라는 도시가 있어요. B.C 6세기 이후 그리스인들이 진출해
지은 도리아 신전 유적이 남아 있더군요. 케르치에서는 스키타이의 고분, 그
리스 신전, 로마시대 유물도 출토돼요. 다양한 문화가 유입되는 교차로였음
을 말해줍니다.

◆ 스키타이와 반대로 몽골초원에서 우크라이나로 간 세력도 있지요?

　먼저, 4세기경 만리장성 북쪽에서 떠난 훈족, 흉노족이라 하죠. 훈족이
우크라이나에 진입해 지배하면서 여러 유물을 남깁니다. 훈족은 우크라

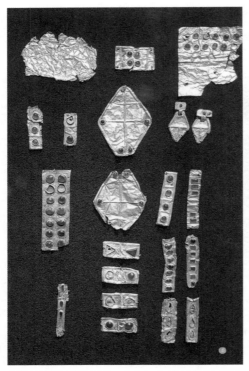

훈족 보석 상감 황금 장식. 4-5세기. 키이우 라브라 보물관

카자르 상감 황금 칼자루. 7-8세기. 키이우 라브라 보물관

이나를 지나 동유럽 헝가리와 서유럽으로도 진출해 서로마제국 멸망의 단초를 제공하죠. 훈족을 이어 800여 년 뒤 몽골족이 들이닥칩니다. 1206년 몽골초원을 통일한 징기스칸이 1218년 1차 서방원정을 단행하는데요. 징기스칸은 우크라이나까지 오지않고 우즈베키스탄에서 회군하지만, 부하장군 제베와 수부타이는 별동대를 이끌고 크림반도까지 유린합니다. 이후 징기스칸의 큰아들 주치가 받은 영지가 킵차크 칸국인데요. 수도를 우크라이나에 뒀습니다. 이어 1235년 시작된 2차 서방원정 때 징기스칸의 손자들이 유럽을 침공하는데요. 우크라이나를 기점으로 폴란드, 헝가리까지 진출해 서양 세력을 격파하지요.

◆ **20세기 들어 우리 한국인들도 우크라이나에 가게 되죠?**

그렇습니다. 까레이스키라고 하죠. 한국인이 러시아땅으로 처음 들어
간 것은요. 1864년 함경도 출신 농민 13가구예요. 이후 농민 이주가 늘어
1882년 연해주 한국인 수가 1만 137명으로 러시아인 8천385명보다 많았
어요. 일제 강점기에는 많은 독립지사들도 활동했는데요. 1937년 스탈린
이 무려 18만여명의 한국인 즉 고려인을 중앙아시아로 강제이주시켰어
요. 그때 우크라이나로도 갔지요.

◆ **우크라이나가 우리 대한민국 탄생과도 관련 있다고요?**

얄타 회담이라고 들어보셨을 거예요. 1945년 2월 4일부터 11일까지 미
국 루즈벨트 대통령, 영국 처칠 수상, 소련 스탈린이 만나 2차세계대전 뒤
세계질서를 논의한 회담인데요. 일본을 굴복시킨 뒤, 대한민국을 독립시
킨다는 점을 분명히 합니다. 얄타회담 장소인 얄타가 크림반도 남부의 휴
양도시입니다. 현재 자유 대한민국의 출범이 결정된 지역이 우크라이나
얄타라는 점을 생각하며 우크라이나에 자유를 만끽하는 평화의 시기가 조
속히 오기를 기대해 봅니다.

3장
신화와 종교

24 올림포스 12신...
제우스의 바람기가 낳은 가족신

방송 2023.3.17.

　2022년 2월 28일 밤. 그리스 중부 대도시 라리사에서 여객열차와 화물열차가 충돌해 많은 인명피해를 냈습니다. 라리사는 올림포스산에서 멀지 않습니다. 올림포스산은 그리스 신화에서 제우스를 비롯한 12명의 신이 사는 곳이죠. 그리스 신화는 그리스를 넘어 지구촌 다문화의 코드인데요. 그리스 신화의 중심에 있는 올림포스산과 올림포스 12신에 대해 살펴봅니다.

◆ **올림포스산 일대가 그리스 신화나 음악, 역사와 깊이 관련돼 있는 거죠?**

　그렇습니다. 한국 출신 세계적인 성악가 조수미가 부른 [기차는 8시에 떠나네]라는 노래 애청하시는 분들 많으실 겁니다. 원곡은 마노스 엘레프테리오우라는 사람이 가사를 쓰고요. 미키스 테오도라키스가 작곡한 1981년 곡입니다. 그리스어로 [토 트레노 페브기 스티스 옥

올림포스 산 입구. 외경

토(To Treno Fevgi Stis Okto)]라고 하죠. 이 대중가요를 그리스 출신의 역시 세계적인 성악가죠. 아그네스 발차가 불렀는데요. 조수미가 아그네스 발차의 성악 버전을 번역해 부른 겁니다. 이 노래의 첫 소절이 [카테리니

올림포스 산. 내부

행 기차는 8시에 떠나네]요. 카테리니는 이번에 기차사고가 난 라리사와 가까운 도시인데요. 카테리니는 그리스 현대사와 깊숙이 관련됩니다.

◆ [기차는 8시에 떠나네]의 첫소절 카테리니가 그리스 현대사에서 어떤 의미를 갖는지요?

조국 해방전쟁입니다. 그리스가 2차 세계대전 기간 동안 1941년-1944년 잠시 독일의 지배를 받는데요. 독일군에 저항하기 위한 레지스탕스에 참여하는 사람들이 기차를 타고 가는 곳이 카테리니였습니다. 이 노래 역시 2차 세계대전 기간중 사랑하는 남자를 독립군으로 보내는 여인의 애절한 마음을 읊은 거죠. 기차를 타고 카테리니에 내린 뒤, 독립군 거점으로 들어가는 건데요. 그 거점이 올림포스 산입니다.

◆ 그리스 신화의 무대, 제우스를 비롯해 올림포스 12신이 산다는 바로 그 올림포스산인가요?

올림포스 산은 라리사와 카테리니 중간에 자리합니다. 한라산처럼 봉우리 하나 높이 솟은 게 아니고요. 지리산과 닮았다고 할까요. 무려 52개의 봉우리와 수많은 협곡으로 이뤄졌습니다. 첩첩산중이에요. 최고봉은 해

발 2917m인 미티카스봉이고요. 이 위에 신들이 산다는 거죠. 그리스 역사
에서 이민족의 침략 시기 저항의 중심지가 됩니다. 1489년 오스만 튀르키
예가 쳐들어온 뒤, 이에 저항하는 그리스인들이 모여들었어요. 아르마톨
로이라고 합니다.

◆ **그렇군요. 올림포스 12신은 어떻게 신들의 세계를 지배하게 된 것인지요?**

제우스를 정점으로 하는 올림포스 12신은 2차례에 걸쳐 다른 신들을 굴
복시키고 우주와 인간사회를 지배합니다. 첫 번째는 티탄족과 전쟁입니
다. 태초의 여신 가이아가 아들이자 하늘의 신 우라노스와 관계해 낳은
자식들이 티탄족입니다. 제우스의 아버지 크로노스, 어머니 레아도 티탄
족이에요. 가이아의 도움을 받아 우라노스를 제거한 크로노스의 티탄족
을 이번에는 제우스가 할머니 가이아의 도움을 받아 물리칩니다. 티타노
마키아라고 부릅니다. 제우스는 티탄족을 가혹하게 다루며 유폐시키는데
요. 이에 가이아가 분노해 기간테스를 이용해 제우스를 견제합니다. 기간
테스는 크로노스가 아버지 우라노스의 남성 상징을 낫으로 자를 때 흘린
피가 대지 즉 가이아에 떨어져 태어난 자식인데요. 체격이 장대하고 기운

제우스. 올림포스 12신의 주신. 아테네 고고학 박물관

이 셉니다. 다리가 뱀이고요. 영
어 자이언트는 기간테스에서 나
온 단어예요. 기간테스는 신들에
게는 죽지 않고, 인간의 손에 죽
는 숙명을 지녔는데요. 제우스의
아들 헤라클레스의 활에 맞아 죽
습니다. 이 전쟁을 올림포스 12
신의 두 번째 전쟁 기간토마키아

라고 해요. 이후 제우스와 올림포스 12신은 신들의 세계를 지배합니다.

◆ 올림포스 12신의 중심은 제우스와 헤라 부부죠?

12신은 제우스와 헤라 부부를 정점으로 하는 가족신 집단입니다. 한 명씩 살펴보면요. 제우스는 번개를 무기로 갖고 있어요. 마음에 들지 않는 신이나 인간, 지역을 번개로 파괴하죠. 하늘이 내리는 가장 무서운 재앙이죠. 번개를 최고신의 무기로 보는 개념은요. 오늘날 튀르키예 땅이죠. 아나톨리아 히타이트의 테슙, 혹은 타르훈트라는 천둥신에서 유입된 겁니다. 전파된 다문화 현상의 하나죠. 제우스의 부인은 최고여신 헤라입니다. 헤라는 제우스의 누나예요. 헤라는 신경질적인 성격으로 묘사되는데요. 남편 제우스가 늘 바람을 피우고 다니니까요.

◆ 제우스와 헤라의 형제 자매도 올림포스 12신에 포함되죠?

12신 가운데 3번째 포세이돈은 제우스의 형이에요. 바다의 신이죠. 고대 그리스인들에게 바다는 생명과도 같았습니다. 바다를 항해하며 교역을 하고 살았거든요. 그러니 바다의 풍랑, 지진으로 인한 해일 등을 두려워했고요. 그 힘이 포세이돈에게 있다고 믿었어요. 4번째는 데미테르입니다. 제우스의 누나예요. 곡물의 신, 대지의 신입니다. 풍년 농사는 삶에 필수적이었죠. 대지의 여신 데미테르는 선사시대 비너스 즉 지모신 전통의 연장선이라고 봐야지요. 5번째 아프로디테는 항렬로 보면 좀 독특한데요. 크로노스가 아버지 우라노스의 거시기를 낫으로 자를 때 정액이 바다로 떨어져 거품이 돼 떠돌다 아프로디테로 태어납니다.

◆ 올림포스 12신 가운데 나머지 7명은 제우스의 자식인가요?

그렇습니다. 먼저, 제우스와 헤라 정식 부부 사이에서 태어난 자식은 아레스와 헤파이스토스 2명입니다. 올림포스 6번째 신 아레스는 전쟁의 신인 만큼 잔혹하고 살상을 즐겨요. 7번째는 헤파이스토스입니다. 헤파이스토스는 대장장이의 신이에요. 이것을 요즘 대장간으로 생각하면 곤란해요. 당시 청동기, 초기 철기 시대 가장 중요한 산업은 금속 생산이죠. 그러니까, 대장간의 신은 요즘으로 치면 포스코의 신, 최첨단 금속산업의 신이라고 보면 됩니다. 하나 흠이라면 다리가 불편해요. 한쪽 다리를 절었어요.

◆ 제우스가 다른 여인들과 사이에서 낳은 신들을 살펴볼까요?

8번째는 태양신이자 학문과 예술을 수호하는 아폴론이에요. 올림포스 9번째 신은 아폴론의 쌍둥이 누나이자 달의 여신, 사냥의 여신 아르테미스이고요. 남매는 제우스가 여신 레토와 관계해 태어난 자식입니다. 신들의 전령으로 불리는 올림포스 10번째 신 헤르메스는요. 늘 부지런히 여기저기 돌아다니니까 상업의 신으로 불렸습니다. 제우스가 아틀라스의 딸 마이아와 사이에 낳은 아들입니다. 이제 2명 남았는데요. 11번째 아테나는 전쟁의 여신이자 지혜의 여신으로도 불립니다. 전쟁의 신 아레스가 있는데, 또 여신까지 있다는 것은 그만큼 고대 전쟁이 많았고, 승리가 절실했던 상황에서 빚어진 현상이겠죠. 아테나는 제우스가 메티스라는 여신과 관계해 얻은 딸이고요. 마지막 12번째 신은 디오니소스예요. 포도주의 신이요. 고대 그리스 사회에서 가장 중요한 산업이 데미테르가 관장하는 밀 농사, 디오니소스가 관장하는 포도 농사입니다. 디오니소스는 제우스가 세멜레라는 여인과 사이에서 낳은 자식인데요. 세멜레는 그리스가 아닌 페니키아 출신 카드모스의 딸입니다. 이민족인 거죠. 요즘 말로 다문화 가정에서 태어난 신이 바로 포도주의 신 디오니소스입니다.

25 천문학...
그리스 신화에서 따온 천체 이름

방송 2023.3.24.

2022년 3월 1일과 3월 2일 서쪽 하늘에서 금성과 목성의 만남을 관측할 수 있었지요. 육안으로 아주 선명하게요. 금성과 목성은 가장 밝게 빛나는 행성입니다. 목성과 금성이 가깝게 마주하는 것은 7년 전인 지난 2016년 8월이었습니다. 앞으로 다시 가깝게 만나는 것은 2040년 9월이라고 합니다. 그리스로마 신화와 천문학이 어떻게 관련되는지 살펴봅니다.

◆ 하늘에 떠 있는 천체 이름을 그리스 신화에서 따왔다는 의미인가요?

흔히 "수금지화목토천해명"이라고 하잖아요. 1930년 발견된 명왕성은 2006년 행성의 지위를 잃고 왜소행성이 됐어요. 지금은 태양의 행성이 해왕성까지 8개죠. 지구를 뺀 나머지 7개 행성의 이름을 볼게요. 먼저 수성이요. 태양에서 가장 가까워요. 최고온도가 섭씨 400도, 평균온도는 100도가 넘어요. 물이 끓을 정도여서 인간이 살 수 없죠. 영어로 머큐리 (Mercury)인데요. 로마 시대 메르쿠리오스(Mercurios)라고 불렀어요. 이 메르쿠리오스가 그리스 신화 올림포스 12신인 헤르메스예요. 수성 다음 금성은요. 수성보다 더 뜨거운데요. 평균온도가 섭씨 400도를 넘으니 용광로 수준이죠. 영어 이름 비너스(Venus)는 로마시대 미의 여신 베누스(Venus)에

3장. 신화와 종교 ● 165

메디치 비너스. 금성. 피렌체 우피치 미술관

요. 그리스 올림포스 12신 아프로디테입니다. 지구 다음 화성은 영어로 마스(Mars)인데요. 로마시대 마르스(Mars)로 불렀습니다. 그리스 신화 아레스입니다. 화성 다음 목성은 영어 쥬피터(Jupiter), 라틴어로 유피테르(Jupiter)입니다. 올림포스 최고신 제우스예요.

◆ 목성 다음은 토성이잖아요. 토성도 올림포스 12신인가요?

토성은 다릅니다. 영어로 새턴(Saturn)인데요. 로마 농업의 신, 대지의 신 사투르누스(Saturnus)에서 따왔어요. 로마 고유의 신입니다. 토성 다음이 천왕성이잖아요. 천왕성은 영어로 우라누스(Uranus)입니다. 그리스 신화에 등장하는 하늘의 신 우라노스(Uranos)에서 온 말입니다. 올림포스 12신은 아니고요. 항렬로 치면 제우스의 직계 할아버지입니다. 천왕성이라는 말은 하늘 '천天'에 임금 '왕王'입니다. 하늘의 왕, 한자로 천왕성이고요. 이제 마지막 8번째 행성은 해왕성입니다. 바다 '해海'을 써 바다의 왕이라는 뜻이에요. 영어로 넵튠(Neptune), 로마시대 넵투누스(Neptunus)로 올림포스 12신의 포세이돈입니다. 그리스 신화에서 바다의 신이지요.

◆ 태양계 행성 가운데 가장 큰 목성, 제우스의 위성도 그리스 신화와 관련되나요?

목성은 워낙 큰 행성이라서요. 위성도 많습니다. 92개의 위성을 갖고 있어요. 그 가운데 가장 먼저 발견된 4개를 갈릴레이 위성이라고 하는데요.

망원경을 발명한 갈릴레이가 처음 발견했기 때문이에요. 1610년부터 갈릴레이는 4개의 위성을 찾아냅니다. 목성이 쥬피터, 즉 제우스이니까 위성 이름을 제우스가 사랑했던 연인 이름으로 지었어요. 목성에서 가장 가까운 위성에 이오(Io)라는 이름을 붙였습니다. 제우스가 사랑했던 여인이고요. 두 번째는 페니키아 공주 에우로파인데요. 제우스와 3명의 자식을 낳았죠. 세 번째 위성은 가니메데스입니다. 가니메데스는 남자예요. 제우스가 남성과도 사랑을 나눴거든요. 고대 그리스 사회 특유의 남성 동성애 문화를 상

제우스의 에우로파 납치. 로마 모자이크. 레바논 베이루트 국립 박물관

제우스의 가니메데스 납치. 안타키아 모자이크 박물관

징하는데요, 가니메데스는 트로이 전쟁의 트로이 남자인데, 지구상에서 가장 몸매가 아름다웠다고 하죠. 갈릴레이 위성 4번째는 칼리스토입니다. 칼리스토 역시 제우스가 사랑해 관계를 맺었던 숲의 요정입니다.

◆ **칼리스토는 밤하늘의 별자리와도 관련이 있다고요?**

　그렇습니다. 칼리스토는 사냥의 여신 아르테미스를 모시는 시종이었어요. 아르테미스 여신이 순결을 맹세했기 때문에 시녀들도 순결을 지켜야 했는데요. 미모가 너무 뛰어난 칼리스토를 제우스가 아르테미스로 변장

해 접근한 뒤, 관계를 맺었습니다. 임신한 칼리스토는 아르테미스 여신에게서 쫓겨나고요. 아들을 낳아 길렀는데. 그만 제우스의 아내 헤라가 이 사실을 알고 칼리스토를 곰으로 만듭니다. 아들은 외할아버지 손에 자라고요. 훗날 아들 아르카스가 성인이 돼 숲에서 사냥을 하다 어머니 칼리스토를 만났어요. 칼리스토는 너무 반가워 아들에게 다가갔지만, 아들 아르카스는 곰에게 활을 쏘려 했답니다. 아찔한 위기일발 순간 제우스가 둘을 하늘의 별자리로 만들었어요. 엄마는 큰 곰 자리, 아들은 작은 곰 자리로 반짝입니다.

달탐사...
아르테미스 여신의 유일사랑 오리온

방송 2022.9.16.

아폴로 계획이라고 하죠. 미국이 1961년 달탐사 계획을 수립하고 1969년 처음으로 인간을 달에 착륙시킨 뒤, 1972년까지 진행한 정책이요. 50년만의 유인 달탐사 프로젝트 아르테미스 프로그램이 요즘 지구촌 관심사입니다. 올림포스 12신 중 한 명 아르테미스 여신은 달을 상징해요. 아르테미스에 얽힌 그리스 신화 속으로 들어갑니다.

◆ 아르테미스와 아폴론 남매는 어떻게 태어나나요?

제우스와 사랑을 나눈 여신 레토가 쌍둥이를 임신했어요. 이 사실을 알고 화가 난 헤라가 레토의 해산을 방해해요. 고민하던 아빠 제우스가 형인 바다의 신 포세이돈에게 도움을 청해요. 포세이돈은 바다 속에 가라앉아 있던 섬, 에게해의 델로스를 바다 위로 솟게 만들어요. 레토가 그곳에서 아이를 낳도록 도와줬어요. 델로

아르테미스 사슴 사냥 조각. 루브르

3장. 신화와 종교 ● 169

스 섬에 가보니 커다란 야자나무가 한 그루 서 있어요. 출산의 여신 에일레이티아 도움을 받지 못한 레토가 이 야자나무에 의지해 출산했다는 겁니다. 일설에는 아르테미스를 먼저 낳고 아르테미스의 도움을 받아 아폴론을 낳았다고도 해요.

아르테미스가 태어난 델로스섬 야자수

◆ 그리스 신화에서 아르테미스 여신은 어떤 여신으로 묘사되는지요?

아르테미스는 사냥의 여신입니다. 늘 험한 산을 돌아다니며 사슴 같은 짐승을 사냥해요. 사냥은 생존, 생산, 번영을 상징합니다. 생식과도 관련되고요. 그래서 출산을 돕고 어린아이를 돌보는 여신으로도 알려져 있어요. 아르테미스 여신은 가슴에 2개의 유방이 아니라 수많은 유방을 단 모습으로 묘사돼요. 물론 활을 들고 사슴을 사냥하는 모습의 조각도 많고요.

레토, 아르테미스, 아폴론 3신 조각. B.C8세기. 크레타 헤라클레이온 박물관

◆ 아르테미스 여신이 풍요와 출산의 여신이란 점과 어울리지 않게 독신 여신으로 불리잖아요?

역설적이죠. 출산의 여신이자 다산의 상징, 풍요의 상징이 여신이 결혼하지 않으니까요. 어려서부터 아버지 제우스에게 독신으로 살겠다고 맹세했다는 거예요. 자신의 몸을 외부에 보여주는 것조차 꺼렸고요. 자신의 알몸을 본 남자들은 가혹하게 처벌했는데요. 악타이온이라는 남자가 그랬어요. 테베 지

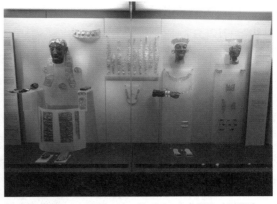
레토, 아르테미스, 아폴론 3신 조각. B.C4세기. 델포이 박물관

역에 살던 악타이온이 사냥개 50마리를 끌고 사냥에 나섰는데요. 깊은 산속에서 목욕중이던 아르테미스 여신을 우연히 본 거예요. 일부러 훔쳐본 것도 아닌데 노한 아르테미스가 악타이온을 사슴으로 바꿔 놓아요. 악타이온의 개 50마리가 달려들어 물어뜯어 죽였답니다.

◆ 아르테미스는 평생 남자를 사랑한 적이 없는 것인가요?

딱 한 번 있었습니다. 이번 미국의 아르테미스 프로그램에서 인간 마네킹을 태우고 달에 간 캡슐 이름이 '오리온'입니다. 오리온에 우주복을 입은 마네킹 3개를 실었어요. 오리온은 42일간 우주여행을 하며 달에 다녀와 캘리포니아 샌디에이고 근처 태평양 바다에 낙하했어요. 오리온에 탄 마네킹은 뼈, 장기, 연조직 등에 무려 5천600개의 센서를 달았어요. 방사능 감지기 34개를 부착했고요. 인간이 달에 다녀오려면 강한 방사성 대역을 통과해야 하는데요. 우주 비행사는 치명적인 피폭을 당하죠. 마네킹 실험을 통해 그 문제를 해결하려는 겁니다. 마네킹을 태운 오리온은 그리스 신화에 등장하는 미남 이름이에요.

◆ 우주 캡슐 오리온은 그리스 미남으로 달의 여신 아르테미스의 사랑을 받은 건가요?

그렇습니다. 오리온은 바다의 신 포세이돈의 아들이니 아르테미스와는 4촌인데요. 거인에 미남이고 최고의 사냥꾼이었어요. 독신을 고집하던 아르테미스 여신의 마음을 뒤흔든 남자죠. 그런데, 아르테미스의 쌍둥이 남동생 태양신 아폴론이 못마땅하게 여겨요. 공작을 펴, 아르테미스가 실수로 오리온을 죽게 만들어요. 아르테미스는 실의에 빠졌고요. 이를 안 아빠 제우스가 오리

풍요의 상징 아르테미스 조각. 나폴리 고고학 박물관

온을 별자리로 만들어 달에서 가장 잘 보이는 자리에 두었답니다.

2.7 코로나 변이...
켄타우로스, 호색한에서 현자까지

방송 2022. 7. 29.

코비드-19 유행 국면에 한 때 '최악의 버전'으로 널리 보도됐던 변이가 있었죠. 'BA. 2. 75' 변이요. 세계 보건기구 WHO가 정한 공식 이름은 아니지만, 이 바이러스가 일부에서 '켄타우로스'라고 불렸습니다. 그리스 신화에서 켄타우로스는 어떤 존재로 묘사되는지 살펴봅니다.

◆ 그리스 신화의 반인반수죠. 반은 인간이고 반은 말인 켄타우로스는 어떻게 태어난 것인가요?

전쟁의 신 아레스의 아들 혹은 플레기아스라는 인물의 아들 가운데 라피타이 지방 왕 익시온이 있었어요. 탐욕스럽고, 난폭했는데요. 결혼하면서 아내를 데려오는 조건으로 장인에게 선물을 주기로 했는데요. 막상 결혼 뒤, 선물을 주려니까 아까운 거예요. 장인을 초대해 붉게 달아오른 숯 구덩이로 던져 죽입니다. 이런 익시온

켄타우로스. 로마 모자이크. 바티칸 박물관

켄타우로마키아 로마 모자이크. 바티칸 박물관

을 최고신 제우스가 올림포스산 위 하늘궁전 파티에 초대했어요. 그런데, 익시온이 언감생심, 제우스의 아내이자 최고 여신 헤라를 탐한 거예요. 제우스가 익시온의 속내를 알아채고는 익시온을 시험합니다. 구름요정 네펠레를 헤라 모습으로 바꿔 놓았어요. 익시온은 주변에 아무도 없는 틈을 타 헤라로 변장된 네펠레를 범합니다. 화가 치민 제우스는 익시온을 수레바퀴에 묶어 지하세계에 던져요. 익시온은 불타는 수레바퀴에 묶여 영원토록 구르는 형벌을 받았지요. 익시온은 그렇게 갔지만, 익시온의 자식이 태어났어요

◆ 헤라로 변장된 구름요정 네펠레가 낳은 자식인가요?

네펠레가 자식을 낳았는데요. 상반신은 사람이고 하반신은 말의 형상을 가진 켄타우로스족이에요. 그리스 신화에 묘사되는 켄타우로스족은 술을 좋아해, 술주정을 합니다. 싸움이나 여인 겁탈이요. 아버지 익시온을 닮았다고 할까요. 큰 사고를 치는데요. 그리스 신화에서 '켄타우로마키아'라는 이름난 싸움입니다.

◆ '켄타우로마키아'는 켄타우로스의 싸움이라는 뜻인가요?

사연은 이래요. 익시온이 저승에서 불타는 수레바퀴 형벌을 받은 뒤, 라피타이 지방 왕의 자리를 이어받은 사람은 익시온과 왕비 디아 사이에서 태어난 피리토우스예요. 인물도 좋고 반듯한 사람입니다. 아테네의 영웅 테세우스와 절친이고요. 피리토우스가 결혼을 했는데요. 켄타우로스

족도 이복형제니까 초청했어요.
피리토우스의 결혼식에 온 켄타
우로스들이 술을 마시고 취한 가
운데, 신부 히포다메이아를 탐한
거예요. 술취한 켄타우로스들이
라피타이족 여성들을 범하려고
달려들었어요. 대판 싸움이 벌어
집니다. 하객으로 왔던 테세우스
도 가세해요. 피리토우스와 테세

켄타우로마키아 조각. 파르테논 신전 남쪽 메토프.
대영박물관

우스에 밀려 많은 켄타우로스들이 죽습니다. 이 싸움을 [켄타우로마키아]
라고 부르는 거예요. 고대 그리스의 각종 신전 건물 외벽 조각으로 활용됐
어요.

◆ 켄타우로스가 그리스 신화에서 최고의 천하장사 헤라클레스하고도
  싸움을 벌이죠?

켄타우로스 가운데 네소스라는 자가 있었어요. 강에서 사공으로 일했는
데요. 하루는 헤라클레스가 아내 데이아네이라와 강을 건너는데요. 네소
스가 데이아네이라를 먼저 태웠어요. 건너는 도중 욕정을 느낀 네소스가
데이아네이라를 범하려고 달려들었습니다. 강변에서 이를 지켜본 헤라클
레스는 히드라의 독이 묻은 화살을 쏴 네소스를 죽입니다. 죽어가면서 네
소스는 술책을 부려요. 자신의 피와 정액을 담아 데이아네이라에게 주면
서 남편의 사랑이 식으면 남편 옷에 바르라는 거였어요. 옷을 입는 순간
사랑이 돌아온다는 거짓말이었죠. 데이아네이라는 곧이곧대로 믿었어요.
헤라클레스가 훗날 이올레라는 여인을 사랑했습니다. 데이아네이라는 헤

켄타우로스 키론과 아킬레스 프레스코. 폼페이 출토. 나폴리 고고학 박물관

라클레스의 옷에 네소스가 준 액체를 묻혀 입힙니다. 헤라클레스가 옷을 입는 순간 옷이 몸에 달라붙으면서 살이 찢어졌어요. 히드라의 독이 스며든 거죠. 옷을 벗으려고 할수록 더 큰 고통만 뒤따랐지요. 데이아네이라는 자결하고요. 헤라클레스는 고통을 견디지 못하고 오이타 산에 장작더미를 쌓아요. 부하 필록테테스에게 명령해 불을 붙이도록 한 뒤, 불에 타 죽습니다.

◆ **켄타우로스 가운데 현명한 지식인으로 추앙받던 인물도 있었다고요?**

아킬레스를 키워준 켄타우로스 케이론입니다. 케이론은 지혜롭고 지식이 많았어요. 아킬레스가 어렸을 때 아버지 펠레우스와 어머니 테티스가 별거에 들어가는데요. 펠레우스가 어린 아킬레스 교육을 케이론에게 맡깁니다. 아킬레스는 케이론에게 교육받아 훌륭한 전사로 성장합니다.

세계 최장 현수교...
뇌물 미인선발대회와 트로이 전쟁

방송 2022.4.29.

2022년 3월 한 국내 건설업체가 튀르키예 다다넬즈 해협에 세계에서 가장 긴 차나칼레 현수교를 건설했습니다. 주탑의 높이 334m여서 1889년 완공된 파리 에펠탑의 324m보다 더 높습니다. 길이 2,000m 이상의 현수교는 불가능하다는 통념을 깨고, 길이 3,563m 현수교를 만들며 'K-건설'의

트로이 성

위업을 세웠는데요. 이 차나칼레 현수교 옆에 트로이 전쟁의 무대 트로이가 있습니다.

◆ **한국 관광객도 트로이 유적지를 탐방하잖아요. 트로이 가기가 한결 쉬워지나요?**

그동안 트로이에 가려면 이스탄불에서 육로를 이용해 다다넬즈 해협 끝으로 와 겔리볼루에서 배를 타고 바다를 건넜어요. 보통 한국에서 가는 단체관광 일정은 반대 코스인데요. 이스탄불에서 보스포러스 대교를 건너 앙카라, 카파도키아, 안탈랴, 파묵칼레, 에페소스 유적지를 거쳐 트로이를 본 뒤, 차나칼레에서 배를 타고 다다넬즈 해협을 건너 겔리볼루로 왔죠. 이제 배를 타는 번거로움이 없어져, 터키 여행이 한결 편해졌다고 볼 수 있습니다.

◆ **트로이 전쟁이라면 '아킬레스 건' '트로이 목마'같은 말이 떠오르는데요.**

트로이 전쟁 당시 트로이 성벽을 기어오르던 그리스 연합군의 최고 용

트로이 목마 복제품. 트로이

장 아킬레스가 트로이 왕자 파리스가 쏜 화살에 발 뒤꿈치를 맞아 숨지잖아요. 비유적으로 사람이나 조직이 갖는 치명적인 약점을 아킬레스건이라고 하지요. '트로이 목마'는 겉보기에는 정상적인 컴퓨터 프로그램이지만, 실제로는 악성 바이러스 프로그램을 가리키

잖아요. 도움이 되는 것 같지만, 해를 끼치는 사물이나 사람에게 사용하는 말이 트로이 목마입니다.

◆ 트로이 전쟁은 어떻게 시작됐는지요?

아킬레스의 부모 결혼식에서입니다. 아킬레스의 엄마는 바다의 요정 가운데 가장 아름답다는 테티스. 아빠는 인간 펠레우스였어요. 둘의 결혼식에 제우스를 포함해 그리스 신들이 모두 초대됐습니다. 불화의 여신 에리스만 제외하고요. 피로연장에 나타난 에리스는 황금 사과, 말룸 디스코르디아이(Mallum Discordiae, 불화의 사과)를 던져요. 가장 아름다운 여신이 주인이라면서요. 그리스 여신들은 한결같이 아름다웠지만, 시기심 또한 대단해서 자신이 제일 예쁘다는 소리를 듣고 싶어했죠. 헤라, 아테나, 아프로디테 3명의 여신이 서로 황금사과의 주인이라고 나섰는데요. 제우스가 트로이 왕자이자 목동이던 파리스에게 심판하도록 했어요. 파리스의 심판은 한마디로 뇌물로 얼룩진 부정심판이었어요. 헤라는 파리스에게 아시아의 왕자리, 아테나는 지구

파리스 심판 모자이크. 루브르 박물관

아킬레스의 부모 결혼식 도자기 그림. 대영박물관

상 최고 전사의 능력, 아프로디테는 지구상에서 가장 아름다운 여인을 뇌물로 약속합니다. 파리스는 왕이 되고픈 생각도 최고의 전사가 되고픈 생각도 없이 오직 아름다운 여인을 택해 아프로디테가 가장 아름다운 여신이라고 손들어 줍니다.

헬레네의 어머니 레다. 키프로스 출토 로마 모자이크. 복제품. 대영박물관

◆ 아프로디테가 자신을 선정해준 대가로 제공한 부정 선물이 전쟁을 촉발하는군요?

뇌물 심판의 후유증이 가혹했어요. 아프로디테는 약속대로 지구상 최고 미녀의 마음을 움직여 파리스를 좋아하도록 만들어줬는데요. 그만 유부녀였답니다. 스파르타 왕비 헬레네요. 딸까지 한 명 둔 헬레네는 아프로디테의 마법에 걸려 파리스를 따라 트로이로 갑니다. 아내를 빼앗긴 스파르타 왕 메넬라오스는 형 미케네왕 아가멤논에게 호소했고, 아가멤논이 그리스 연합군을 조직해 트로이

헬레네와 파리스 그림. 귀도 레니 1626년-1629년 작. 루브르 박물관

로 쳐들어가요. 10년 트로이 전쟁이 터진 겁니다.

◆ 전쟁이 지리하게 지속된 끝에 그리스군이 마지막으로 내놓은 비책이
목마작전이었던 거죠?

전쟁 10년 째. 그리스군은 꾀를 내요. 철군쇼. 목마를 만들어 트로이 성
앞에 놓아요. 목마 안에 오디세우스를 비롯해 용맹한 장수들을 숨겨서요.
첩자 시논을 트로이 성안으로 보내 그리스군이 떠났고 목마는 선물이라는
거짓 정보를 흘려요. 마치 임진왜란 때 왜군 첩자 요시라가 조선 조정에
거짓 정보를 흘린 것과 같아요. 트로이 사람들은 전쟁이 끝났다면서 기뻐
했고, 그리스의 사죄 선물 목마를 성안에 들여놓자고 합니다.

◆ 그때 반대한 사람이 라오콘이죠?

트로이의 아폴론 신전 신관이던 라오콘이 그리스인들의 음모라면서 창
으로 목마의 배를 찔러요. 그때 그리스를 응원하던 바다의 신 포세이돈이
거대한 바다뱀을 보내 라오콘과 두 아들을 죽입니다. 이 장면을 묘사한 조
각이 헬레니즘 시대 바로크
양식의 대작 '라오콘 군상'입
니다. 지금은 바티칸 박물관
에 전시돼 있어요. 라오콘이
죽고 트로이 사람들은 목마
를 성안으로 들여놓습니다.
종전을 축하하며 마음껏 먹고
마신 뒤, 깊은 잠에 빠지죠.
그 때 목마 배 안에서 그리스

라오콘 군상. 헬레니즘 조각. 바티칸 박물관

용사들이 나와 트로이 성문을 열어요. 매복해 있던 그리스 병사들이 성안으로 들이닥쳐 트로이를 철저히 짓밟습니다. 트로이는 완전히 파괴돼요.

◆ 트로이 전쟁 신화는 어떻게 현대까지 전해지는 것인가요?

호메로스라는 고대 그리스 시인 덕분입니다. 에게해 중심의 섬 이오스에서 살다 사망한 것으로 여겨지는데요. 호메로스가 B.C800년-B.C750년경 트로이 전쟁을 다룬 『일리아드』를 남깁니다. 트로이 전쟁 뒤, 그리스인들의 귀향을 다룬 『오디세이아』도 내고요. 그리스 문자로 기록된 가장 오래된 문헌들이지요. B.C776년 제 1회 올림픽이 열리던 무렵입니다. 트로이 전쟁 이야기는 [일리아드]의 1만 5,693행 시에 담겨 있는데요. 10년 전쟁 기간중 마지막 1년 그것도 50일의 집중적인 전투 이야기를 묘사해요.

트로이 발굴자 하인리히 슐리만 무덤. 아테네

◆ 파괴된 트로이 성은 어떤 과정을 거쳐 발굴된 것인지요?

독일에서 태어난 하인리히 슐리만 덕분인데요. 미국, 러시아로 다니면서 많은 돈을 번 언어 천재 슐리만은 영어, 프랑스어, 네덜란드어, 스페인어, 포르투갈어, 이탈리아어에 능통했다고 해요. 1863년 충분한 돈을 모아 사업을 정리하고, 고고학 공부에 나섭니다. 1866년 초 프랑스 파리에 둥지를 틀고, 소르본 대학에서 공부하고요. 1869년 4월 로스토크 대학에서 박사학위를 받아요. 논문의 핵심을 정리해 펴낸 저서『이타카, 펠로폰네소스, 트로이(1869)』에서 새로운 주장을 펼쳐요. 트로이의 위치를 기존의 '부나르바시 마을' 대신 '히사를리크 언덕'이라고요. 슐리만은 1년 뒤, 1870년 오스만 튀르키예 정부 허가를 얻어 차나칼레주 남서쪽 히사를리크 언덕을 집중 발굴해요. 호메로스의『일리아드』속 지형 설명을 진실로 믿고 발굴한 성과였어요. 3년간 많은 보물과 유물을 발굴해 신화에 머물던 트로이 전쟁과 트로이를 역사 무대로 등장시켰지요.

29 로마 건국...
비너스의 아들이자 트로이 왕의 사위

방송 2023.4.21.

"모든 길은 로마로 통한다. 로마에 가면 로마법을 따르라" 로마는 B.C753
년 건국됐어요. 1453년 동로마제국이 멸망할 때까지 2,206년 동안 존속
했던 국가입니다. 나폴레옹이 독일어권 국가들의 연합체 신성로마제국을

시에나 대성당 앞 로물루스 레무스와 늑대조각

1806년 해체할 때까지로 치면 무려 2559년간 '로마'라는 이름의 나라가 이어집니다. 그만큼 로마제국은 오랫동안 인류 역사 전반에 큰 영향을 미친 다문화의 상징이기도 해요. 로마의 건국 역사를 살펴봅니다.

◆ 현대 지구촌 국가들이 로마의 영향을 받은 것을 꼽는다면 대표적으로 무엇이 있을까요?

2가지만 예를 들면요. 먼저, 기독교요. 로마제국 시대 국교로 지정돼 로마의 힘으로 세계 종교가 됐어요. 둘째, 영어를 기록하는 문자는 로마에서 사용하던 라틴문자입니다. 누구라도 ABC등의 문자를 적는다면 로마의 영향을 받은 겁니다.

◆ 우리나라 고대 역사도 로마와 관련되는 부분이 있나요?

물론입니다. 경주 황남동 일대에 거대한 봉분의 신라 무덤들이 있는데요. 여기에서 출토되는 유물 가운데, 로마 유리가 포함돼 있어요. 황남대총에서 10점을 비롯해 신라 무덤에서 25점, 가야 무덤에서 2점의 로마 유리가 출토됐답니다. 신라와 가야시대 최고지배층인 왕이나 최상위 왕족 무덤에 로마 유리가 묻힌 점은 왜 로마가 지구촌 다문화의 상징인지 잘 설명해주죠. 그 로마가 출범한 날이 B.C 753년 4월 21일입니다.

◆ B.C756년 4월 21일 로마를 건국한 주역은 누구인가요?

로마 건국의 조상신은 아에네아스입니다. B.C1세기 활약한 로마의 서사시인이죠. 베르길리우스가 기록한 『아에네이드』는 아에네아스가 어떻게 로마의 조상신이 됐는지를 기록하고 있는데요. 아에네아스는 트로이 사람이에요. 트로이 전쟁 말기 아들 아스카니오스를 데리고 트로이를 탈

트로이 전쟁 상처 치료받는 아에네아스. 폼페이 출토. 로마 팔라쪼 마시모 박물관

출해요. 지중해를 떠돌다 카르타고 여왕 디도와 사랑을 나눈 뒤, 이탈리아 반도 중부 티베레 강가의 라티움 지방에 도착합니다. 이탈리아 수도 로마 일대입니다. 후손 중에 레아 실비아는 여인이 불의 여신, 베스타 신전 여신관이었는데요. 여신관은 처녀성을 유지해야 하거든요. 그런데, 전쟁의 신 아레스가 잠자는 실비아를 임신시켜요. 실비아는 쌍둥이 아들을 낳아 바구니에 넣어 티베레 강물에 띄워 보냅니다. 암늑대가 쌍둥이를 거둬 젖을 먹이고요. 양치기 아우구스툴루스가 발견해 기릅니다. 그 쌍둥이가 자라 로마를 세웁니다.

◆ 서유럽 각지에서 늑대 젖을 먹고 있는 아기 2명의 모습을 보는데, 이들이 건국 주역이었군요.

그렇습니다. 성인이 된 형제가 나라를 세우는 과정이 흥미로워요. 수도 로마에 언덕이 여럿 있는데요. 형 로물루스는 팔라티노 언덕, 동생 레무스는 아벤티노 언덕에 정착합니다. 한

늑대와 로물루스 레무스. 로마 조각. 로마 카피톨리니 박물관

해 농사를 끝내고 다툼이 일어나
요. 우리네 형제와 볏단 이야기
를 이들은 몰랐던 것 같습니다.
형제가 서로에게 더 많은 볏단을
주려고 밤에 나르잖아요. 로물루
스와 레무스는 서로 더 갖겠다고
다투다가요. 그만 형 로물루스가
아우 레무스를 때려죽입니다. 그
리고 두 지역을 합쳐 나라를 세

아에네아스 트로이 탈출. 아버지 안키세스를 업고
아들 아스카니오스 데리고 탈출. 폼페이 출토. 로마
팔라쪼 마시모 박물관

우는데요. 그 날이 B.C753년 4월 21일입니다.

◆ **끔찍한 건국사군요. 형제살인이요.**

　건국과정에 불미스러운 일은 또 일어나요. 로물루스가 나라를 세우고
보니 남자들만 있을 뿐 여자가 없는 거예요. 짜낸 아이디어가 참 고약한데
요. 로물루스를 따르는 무리는 라틴 민족이죠. 주변에 사비니족이 살았어
요. 하루는 축제를 열고 사비니족을 초청해 성안으로 들어오게 한 뒤에요.
사비니족 남성들에게 성 밖으로 나가 경기를 하자고 제안해요. 사비니족
남성들이 성 밖으로 나가자, 로물루스 라틴족 일당이 잽싸게 성문을 걸어
잠궜어요. 그리고는 여인들을 가로챕니다. 라틴인과 사비니 남성들 간에
이후 치열한 전쟁이 벌어졌죠. 그런데 어쩌겠습니까. 이미 로마인의 아내
가 된 여인들 30명이 중재해서 결국 라틴인과 사비니족 공동의 연합국가
를 세웁니다. 왕도 로물루스와 사비니족 타티우스가 공동으로 맡고요. 그
렇게 다문화 국가로 출발한 게 로마입니다.

◆ 현대 기준으로는 바람직스럽지 않은 모습이군요. 그런데 로마 왕정에
   독특한 특징이 있다고요.

일단 로마 왕을 상징하는 것이 있는데요. 파스케스라는 지팡이하고요.
쿠룰레라는 옥좌, 그리고 자주색 토가입니다. 자주색은 지중해 연안에
서 고귀함의 상징이지요. 로물루스는 초대 왕이 돼 왕의 자문기관인 상원
(Senatus)을 설치해요. 100명 정원의 상원에 들어가는 족장급을 파테르라
고 불렀어요. 이 상원을요. 라틴 민족, 사비니족이 똑같이 나눴습니다. 민
회도 설치했어요. 국가 중대사를 직접 결정하는 기관이죠. 서양의 상하 양
원 시스템의 출발입니다. 그러니까 말이 왕정이지, 공화국 비슷했죠. 로

아에네아스 카르타고 도착. 디도와 만남. 폼페이 출
토. 나폴리 고고학 박물관

물루스가 죽고 2대 왕부터는 세
습이 아니라요. 왕을 뽑았어요.
왕이 죽으면 상원이 차기왕 선정
작업에 들어가요. 상원의원이 1
명씩 돌아가면서 섭정(Interrex)으
로 5일간 국정을 돌보고요. 적임
자를 골라 민회 투표로 왕을 뽑
았습니다.

◆ 로물루스 이후 2대왕부터 누가 뽑혔는지요?

로물루스가 동생을 죽이고 사비니 여인들을 강탈하면서 왕이 된 건 18
살 때입니다. 왕이 돼 36년을 통치하고 54살에 죽어요. 1년 동안 무려 10
명의 후보자가 왕이 되겠다고 했지만요. 인품과 경건함에서 앞선 사비니
부족 출신 ②누마 폼필리우스가 왕이 됩니다. 초대 공동왕 타티우스의 사
위였어요. 누마 폼필리우스가 43년을 통치한 뒤 죽자, ③툴루스 호스틸리

우스가 3대왕으로 뽑혔는데요. 역시 사비니족이었어요. 로물루스와 성향이 비슷해 전쟁을 좋아했고요. 누마 폼필리우스와 달리 신에 대한 경배를 소홀히 했는데요. 나중에 아플 때 쥬피터 신전에 가서 도와달라고 빌었어요. 이를 괘씸하게 여긴 쥬피터가 큰

아에네아스와 디도의 사랑. 로마 모자이크. 영국 톤턴 박물관

선물 보내는데요. 번개. 3대왕은 그렇게 벼락을 맞아 불에 타 죽습니다. 이어 2대왕 누마 폼필리우스의 손자 ④안쿠스 마르키우스가 4대왕이 돼요. 사비니족이죠. 4대 안쿠스왕 때 로마가 비약적으로 발전해요. 티베레 강에 다리도 놓고요. 안쿠스는 자신의 친아들을 두고요. 에트루리아 민족 출신 ⑤루키우스 타르퀴니우스 프리스쿠스를 양자로 삼았고, 그가 5대 로마 왕이 됩니다.

◆ 라틴족과 사비니족에 에트루리아 민족이 추가된 거예요?

3개 민족 연합국가요. 이때 에트루리아 정복지 몫으로 100명의 상원의원을 추가해 상원이 2백명 체제가 됩니다. 이 에트루리아 출신 왕이 정치를 잘했는데요. 재위 38년 만에 4대 안쿠스왕 아들들에게 암살됩니다. 이어 6대왕으로는 암살된 5대왕의 사위 ⑥세르비우스 툴리우스가 선출돼요.

아에네아스와 아스카니오스의 라티움 도착. 로마 조각. 대영박물관

역시 에트루리아 출신이죠. 44년 통치 뒤 살해되는데, 7대왕으로 그의 사위 ⑦루키우스 타르퀴니우스 수페르부스가 뽑힙니다. 역시 에트루리아 왕이었는데요. 그의 아들 섹스투스 타르퀴니우스가 라틴 귀족의 딸 루크레티아를 겁탈하는 불상사가 발생합니다. 그녀는 수치심에 자살했고요.

◆ 이때 정치적인 사변이 일어나지요?

부르투스를 중심으로 혁명을 일으켜 왕을 내쫓고 왕정제를 폐지합니다. 로마가 공화국이 됩니다. B.C 509년이에요. 사람들이 부르투스에게 왕을 제안했지만, 거부합니다. 임기제 집정관이 돼요. 그것도 공동 집정관이요. 이렇게 로마가 공화국이 되고. 이후 공화국 체제 아래서 로마는 힘을 키워 주변 에투루리아 민족은 물론 이탈리아 반도 내 다양한 민족을 모두 통합해요. 반도를 넘어 지중해 서

부르투스. 로마 공화정을 건국한 인물. 로마 카피톨리니 박물관

쪽 강국 카르타고를 멸망시키고요. 지중해 동쪽의 그리스 민족 국가들도 모두 복속시켜요. 북쪽의 갈리아족을 복속시키면서 B.C30년 지중해 제국을 건설합니다. 문제는 이때 공화국이 무너지고 황제정이 등장한 거예요. 초대 황제 옥타비아누스죠. 카이사르의 조카손자요. B.C27년입니다. 왕정에서 공화국이 된지 482년만에 제정으로 바뀐 겁니다.

튀르키예 강진...
보티첼리 '비너스의 탄생' 기원

방송 2023.2.24.

2023년 2월 6일 튀르키예 동남부에서 리히터 규모 7.8의 강진이 발생했어요. 튀르키예를 혈맹이라고 부르는데요. 6.25 때 튀르키예군이 큰 승리를 거둔 용인시 김량장 전투에 앞서 고구려 연개소문이 중국 당나라에 맞서기 위해 제휴했던 민족이 튀르키예족입니다. 이번 튀르키예 강진 발생 지역에는 유서 깊은 유적이 많습니다. 그 역사와 신화 속으로 들어가 봅니다.

안타키아 전경

이수스 전투 모자이크. 알렉산더와 다리우스 3세 대결. 폼페이 출토. 나폴리 고고학 박물관

◆ **대한민국 구호팀이 활동하던 안타키아는 유구한 그리스 역사도시죠?**

그렇습니다. 안타키아에 베이스캠프를 설치하고, 8명의 고귀한 인명을 구해 냈지요. 안타키아는 동양과 서양의 다양한 민족과 종교가 만나 문화의 꽃을 피운 다문화의 살아 있는 현장입니다. 안타키아의 역사는 그리스의 정복왕 알렉산더로 거슬러 올라갑니다.

◆ **안타키아를 알렉산더가 건설한 도시인가요?**

셀레우코스 1세 조각. 루브르 박물관

안타키아는 해발 440m 하비브네카르 산 아래 시내 중심가를 시리아에서 흘러온 오론테스 강이 가로지르는 지형인데요. B.C333년 11월 알렉산더가 페르시아 다리우스 3세 군대를 궤멸시킨 장소 이수스에서 남으로 40여km 지점입니다. 전투 현장은 이

스켄데룬입니다. B.C323년 알렉산더가 죽은 뒤, 부하 셀레우코스 장군이 B.C300년 안티옥(Antioch)이라는 도시를 세웁니다. 셀레우코스 장군이 고국 마케도니아의 아버지 안티오쿠스(Antiochus)의 이름을 따 만든 도시인데요. 국내 각지에 '안디옥 교회'라는 개신교 교회를 많이 보는데요. 바로 이 안디옥이 고대 안티옥인데요. 현대지명은 안타키아입니다. 셀레우코스 왕조의 수도로 크게 발전했고요. 로마의 폼페이우스에게 B.C 64년 함락당한 뒤에도 향료무역의 중계지로 번영을 이어갔습니다. 전성기 인구 50만명에 이르렀다고 해요. 로마, 알렉산드리아와 함께 로마 제국 3대 도시로 불렸습니다.

◆ 안타키아에 그리스 로마 유적이 많이 남아 있는지요?

눈에 드러나는 유적으로 남아 있는 것은 없고요. 대신 고대 로마제국 시절 도시 터에서 많은 모자이크가 출토됐어요. 안타키아 남쪽에 다프네(현재, 하르비에)가 있었는데요. 다프네는 그리스 신화에서 학예의 수호신 아폴론이 사랑하던 요정입니다. 요정 이름을 딴 이 헬레니즘과 로마 도시 다프네 유적지를 미국 프린스턴 대학팀이 1932년-1938년 집중 발굴했어요. 1939년 당시 보호국 프랑스가 지어준 안타키아 고고학 박물관에 상당량 소장돼 있습니다. 지금은 2014년 시내 외곽에 새로 지은 하타이 고고학 박물관으로 이전했고요.

◆ 안디옥 교회 언급이 있었습니다만, 안타키아는 기독교와 밀접한 관련을 갖는 도시죠?

안타키아는 기독교 포교의 중심지였어요. 대한성서공회가 펴낸 신약성경 사도행전을 보면요. 11장 19절부터 [안디옥 교회]를 다룹니다. 여기 26

절에 "만나매 안디옥에 데리고 와서 둘이 교회에 일 년간 모여 있어 큰 무리를 가르쳤고 제자들이 안디옥에서 비로소 그리스도인이라 일컬음을 받게 되었더라"라고 기록돼요. 그러니까, 기독교 역사에서 예수 그리스도의 가르침을 따르는 신자들을 처음으로 기독교도, 크리스천(Christian)이라고 부른 지역이 안타키아입니다. 시내에 4세기 혹은 5세기 원형이 간직된 유서 깊은 베드로 교회도 남아 있답니다.

* **안타키아는 페르시아, 아랍 이슬람, 돌궐, 십자군이 오간 문명의 교차로죠?**

안타키아는 3세기와 7세기 초 사산조 페르시아의 공격을 두 차례 받아요. 이어 637년 아라비아 반도에서 온 아랍 이슬람에 정복됩니다. 이 무렵 예루살렘도 이슬람의 손으로 넘어갔어요. 332년 뒤, 969년 기독교 동로마 제국이 수복하지만요. 100여 년 뒤, 전혀 다른 세력이 찾아왔습니다. 몽골 초원을 떠나 중앙아시아, 이란을 거쳐 들어온 돌궐족의 일파 셀주크 튀르키예입니다. 1084년 안타키아를 접수하는데요. 셀주크 튀르키예는 이란 지역을 거쳐 오는 과정에 이슬람화돼요. 안타키아도 이슬람 도시가 된 것이지요. 서유럽 기독교도들의 성지 예루살렘 순례길이 막힌 거예요. 교황 우르바노스 2세는 1096년 신의 도시 안타키아와 예루살렘을 되찾자고 십자군 운동을 제창합니다. 십자군은 1098년 안타키아를 정복하고, 기독교 나라 안타키아 공국을 세웁니다.

* **안타키아가 참 다양한 민족의 각축장이었군요. 그런데, 몽골제국의 지배도 받았다고요?**

셀주크 튀르키예에 이어 몽골 초원에서 또 다른 손님이 가공할 군사력으로 찾아왔어요. 몽골 제국 4대 칸은 징기스칸의 손자 몽케인데요. 둘째 동생 훌라구에게 명해 3차 서방 원정을 일으킵니다. 총사령관 훌라구는 1258년 이라크 바그다드를 정복하면서 이슬람 아바스 왕조를 멸망시켜요. 이듬해 1259년 시리아 다마스커스도 함락시킵니다. 몽골은 이보다 20여 년 앞서 1236년에요. 튀르키예 동부죠. 코카서스 산맥의 기독교 왕국 조지아를 굴복시킵니다. 조지아의 헤툼 1세는 피해를 막고자 당시 몽골의 속국을 자청했어요. 그리고 자신의 사위이던 기독교 안타키아 공국의 보헤몽 6세를 설득해 몽골에 항복하도록 합니다. 신의 도시, 십자군이 세운 기독교 나라 안타키아 공국은 그렇게 1260년 몽골제국의 속국이 됩니다. 하지만, 1259년 4대 몽케 칸이 죽고, 몽골제국이 내분에 휩싸여요. 이 틈을 타 역시 돌궐의 한 갈래였던 이집트 맘루크 왕조가 1268년 안타키아 공국을 정복합니다. 이후 16세기 셀주크 튀르키예의 한 갈래 오스만 튀르키예가 안타키아를 마물루크로부터 빼앗아 오늘에 이릅니다.

◆ 이번 강진의 진앙지 가지안테프는 어떤 도시인가요?

이번 튀르키예 강진의 1차 진앙지는 가지안테프에서 북서쪽 37㎞ 지점이에요. 가지안테프 인구는 시가지에만 2021년 기준으로 177만 명이고요, 주변 지역을 포함하면 210만 명을 넘습니다. 터키에서 6번째로 인구가 많아요. 가지안테프가 다문화 지역으로 주목받는 이유는 튀르키예족뿐 아니라 쿠르드족이 많이 살아서예요. 지금은 시리아 난민도 많이 살고요. 역사적으로는 아르메니아인과 유대인, 아랍인도 많이 살았어요 가지안테프에서 사용되는 현지 튀르키예어는 그래서 아르메니아와 아랍어 발음의 영향을 받았다고 합니다.

◆ 가지안테프에도 안타키아처럼 로마시대 모자이크 유물이 남아 있는
  지요?

가지안테프에는 제우그마 모자이크 박물관이 있는데요. 관람객을 흥분
시키기에 충분할 만큼 빼어나게 아름다운 모자이크들로 가득합니다. 가
지안테프 동쪽 50여㎞ 지점에 유프라테스강이 흐르는데요. 유프라테스
강변에 제우그마라는 고대 도시가 있었어요. 여기서 발굴한 모자이크들
을 전시해 제우그마 모자이크 박물관이라고 부릅니다. 제우그마는 국제
결혼이라는 다문화와 관련해 아주 흥미로운 사연을 간직한 도시입니다.
제우그마는 BC 300년 알렉산더 휘하였던 셀레우코스 장군이 유프라테스
강가에 세운 도시인데요. 셀레우코스 장군은 안타키아도 세웠죠. 안타키
아가 아버지 이름을 딴 도시라면요. 제우그마는 셀레우코스 장군의 아내
와 관련있답니다. 처음에는 '셀레우코스-유프라테스'라고 불렀어요. 자기
이름을 딴 거죠. 유프라테스강 서쪽에 만든 도시예요. 맞은편 강 동쪽에도
자매 도시를 짓고, 이름을 '아파미아'라고 명명했어요. 셀레우코스 장군의
아내 이름인데요. 페르시아 여인입니다.

◆ 국제결혼으로 다문화 가정을 일군 장군의 도시이군요.

사연은 이래요. 알렉산더가 다리우스 3세를 물리치고 페르시아 제국을
정복했잖아요. 그리고, 진정한 동서화합, 그리스와 페르시아의 화합을 추
진하면서 결혼정책을 폅니다. 두 민족이 결혼으로 자식을 낳으면 진정 하
나로 통합될 수 있다고 본 거죠. 알렉산더 본인도 페르시아 여인 록사나와
결혼했고요. 다리우스 3세의 딸도 아내로 맞이했잖아요. 부하 장군들도
모두 페르시아 여인들과 결혼하도록 했고요. 셀레우코스 장군도 이때 아
파미아와 결혼한 겁니다. 그런데, 알렉산더 사후, 장군들이 페르시아 여인

들과 이혼합니다. 셀레우코스 장군만은 끝까지 해로했어요. 두 도시도 다리로 연결돼 하나처럼 발전했는데요. B.C 64년 이 지역을 차지한 로마가 그리스 색을 지우기 위해 제우그마로 고칩니다. 로마 도시 제우그마는 실크로드를 통해 중국과 교류하면서 경제적으로 번영을 누립니다. 부유층은 유프라테스 강이 내려다보이는 터에 호화 빌라를 지었어요. 바닥은 화려한 모자이크로 장식했고요.

◆ 그 모자이크들이 가지안테프 제우그마 모자이크 박물관에 전시된 것이군요.

그렇습니다. 로마의 힘이 약해지면서 제우그마는 파르티아 제국으로 넘어갔고, 이어 256년 사산조 페르시아 침략 때 파괴됩니다. 3m 깊이의 흙속에 묻히고 말았어요. 그렇게 역사의 뒤안길로 사라진 제우그마가 다시 햇빛을 본 것은 1987년이에요. 8년 뒤, 1995년 댐을 만들면서 수몰 직전의 빌라 2채를 프랑스 고고학 팀이 발굴해 전시하는 겁니다.

◆ 주목해 볼만한 모자이크 유물을 소개해 주시겠어요?

2세기 만들어진 [비너스의 탄생]이라는 작품을 소개해 드리고자 합니다. 바다에서 조개를 배경으로 미의 여신 비너스가 태어나는 장면을 묘사한 모자이크예요. 이탈리아 르네상스를 대표하는 도시 피렌체 우피치 박물관

비너스의 탄생. 가지안테프 제우그마 모자이크 박물관

에 가면요. 15세기 활약
한 화가 보티첼리가 1487
년 그린 [비너스의 탄생]
이 있어요. 전 세계 미술
애호가들의 사랑을 받는
작품이죠. 이 작품 앞에
는 늘 구름 인파가 몰려
요. 고대 로마와 르네상
스. 천년도 훨씬 넘는 시

비너스의 탄생. 보티첼리 그림. 피렌체 우피치 미술관

차가 있고요. 터키와 이탈리아로 멀리 떨어져 있지만, 같은 소재를 같은
구도로 그려내고 있어요. 시공을 초월한 다문화 현상의 하나지요. [비너스
의 탄생] 이외에도 아킬레스 등 그리스 신화를 다룬 헬레니즘풍 로마 모자
이크들이 다수 전시돼 있습니다.

아킬레스의 발각. 트로이 전쟁 병역 기피를 위해 여장을 하고 숨어 있던 아
킬레스. 가지안테프 제우그마 모자이크 박물관

31 불탑 기원...
인도 산치 대탑에서 경주 다보탑까지

방송 2022.5.6.

부처님이 B.C 6세기 열반한 뒤로 500여년 넘게 불상은 없었습니다. 대신 탑을 부처님의 상징으로 삼았는데요. 국내에서 가장 오래된 탑은 어디에 있을까요? 백제 영토이던 전라북도 익산 미륵사지터에 남아 있는 석탑입니다. 신라의 분황사탑이 그 뒤를 잇고요. 탑의 기원지 인도에서부터 어떤 과정을 거쳐 어떤 형태로 진화하며 전파되는지 따라가 봅니다.

◆ 우리나라 최초의 석탑인 익산 미륵사지 석탑의 구조에 대해 설명해 주실까요?

미륵사지 석탑은요. 백제 최고 관직인 좌평 사택적덕沙宅積德의 딸인 무왕의 왕비가 시주해 639년 완공시킨 거예요. 국보 11호 미륵사지 석탑은 높이 14.5m, 너비 12.5m, 무게 1830t으로 국내에서 가장

익산미륵사지 탑

큰 탑입니다. 원래는 9층 25m로 추정되는 대형이지요. 미륵사지 석탑을 보면 탑 내부에 실내 공간이 있어요. 일종의 건물인 셈이지요.

◆ 경주 분황사의 탑도 실내 공간을 갖추고 있죠?

분황사 탑

신라 선덕여왕 시기 634년 창건됐다는 분황사 터에 국보 30호 분황사 모전 석탑이 남아 있습니다. 미륵사지 석탑처럼 기단 위 탑 본체 1층에 문이 나 있어 내부로 들어가는 구조예요. 지금은 3층만 남았는데 높이가 9m에 이를 정도로 거대합니다. 분황사 탑은 또 하나의 특징을 갖는데요. 짙은 회색 안산암을 흙벽돌처럼 잘라 쌓은 탑이에요. 흙벽돌을 전博이라고 합니다. 돌을 흙벽돌처럼 모방해 쌓은 탑이라고 해서 분황사 모전탑模博塔이라고 부릅니다. 미륵사지 석탑도 작은 석재는 아니지만, 큰 암석에서 석재를 잘게 잘라 쌓은 탑입니다.

◆ 우리에게 불교를 전래한 중국 지역의 탑은 어떤지요?

중국 산동반도 제남에서 "태산이 높다하되 하늘아래 뫼이로다..."의 시구절에 나오는 태산 가는 중간지점에 신통사라는 절이 있습니다. 수나라 시기 611년 만든 탑이 남아 있어요. 가서 보니까 내부에 실내 공간을 갖춘 건물형태 탑이에요.

신통사 사문탑

동서남북 4방향에 문이 있다고 해서 사문탑四門塔이라고 합니다. 청석靑石
이라는 돌을 흙벽돌처럼 잘라 쌓은 모전탑이지요.

◆ 큰 암석을 흙벽돌처럼 잘라 쌓는 모전탑이 중국의 탑 양식인가요?

중국에서 가장 오래된 탑은 소림사로
잘 알려진 하남성 등봉 지역에 남아 있는
데요. 중국의 역사고도 낙양에서 차로 2
시간 거리입니다. 등봉 숭악사에 높이
36.8m의 거대한 탑이 원형대로 남아 있
어요. 523년 제작됐어요. 실내공간을 갖
췄으니까, 사문탑이나 우리의 미륵사지
탑, 분황사 탑처럼 건물형식이죠. 하지
만, 외형은 달라요. 원추형이거든요. 무
엇보다 재료가 달라요. 흙벽돌로 쌓은 전
탑塼塔입니다. 그러니까 처음 중국에서는

등봉 숭악사 탑

흙벽돌로 전탑을 만들다가 좀 더 견고하게 암석을 벽돌처럼 잘라 모전탑
을 만들었다는 사실을 알수 있는 거죠.

◆ 중국으로 불교를 전파한 서역 지방의 탑은 어떻습니까?

신장 위구르 자치구의 남서쪽 맨 끝 지점은요. 파키스탄, 아프가니스탄,
타지키스탄 등과 국경을 접하는데요. 이곳에 카슈가르喀什라는 위구르 도
시가 있어요. 중국과는 완전히 다른 이국적인 풍경이더라고요. 사람들 생
김새도, 건물 양식도 달라요. 지금은 이슬람 지역이지만, 그 전에는 불교
중심지였습니다. 간다라에서 온 불교가 이곳을 거쳐 중국으로 전파된 거

카슈가르 막이불탑

죠. 이곳 에 막이불탑莫爾佛塔이 있습니다. 진흙 벽돌로 쌓은 전탑이에요. 기단부는 사각형이고 상층부는 사발을 엎어놓은 듯한 복발覆鉢형입니다.

◆ 여기서 남서쪽으로 불상이 처음 만들어진 간다라 지방으로 가면 탑은 어떤 모습인지요?

우즈베키스탄의 국경도시죠. 아프가니스탄과 아무다리아강을 사이에 둔 테르미즈가 있는데요. 아무다리아강은 알렉산더가 침략해오던 시기 옥수스강이라고 불렸지요. 이곳에는 파야즈 테페(Fayaz Tepe) 불교 유적지가 있어요. 2세기 만들어진 간다라 탑이 원형대로 남아 있답니다. 신장 지역 카슈가르의 막이불탑처럼 사각형 기단에 상층부는 둥근 구형입니다. 흙벽돌로 쌓은 전탑이에요. 파야즈 테페에서 아무다리아강 넘어 아프가니스탄에는 저도 다녀오지 못했는데요. 아프가니스탄 남부죠. 중국 신장과도 붙

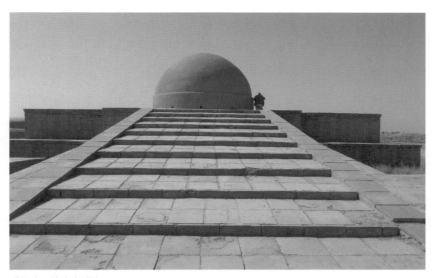

테르미스 간다라 전탑

어 있는 파기스탄 쪽 간다라
지방의 페샤와르에는 다녀
왔어요. 흙벽돌을 쌓은 전탑
과 암석을 벽돌처럼 잘라 만
든 모전석탑이 다 있더라고
요. 크기가 비교적 작아 페
샤와르 박물관에 전시된 탑
을 보면 전탑이에요. 2세기

페샤와르 전탑. 파리 기메 박물관

쿠샨왕조 때 남긴 탑들이죠. 프랑스 파리에 기메 박물관이 있어요. 이란
동쪽 즉 아프가니스탄부터 파키스탄의 간다라 지방, 인도, 인도차이나, 한
중일 지역 유물을 전시해요. 기메 박물관에 전시중인 간다라 탑들은 사각
형 기단부에 반구형 상층부를 갖췄는데요. 흙벽돌로 만든 전탑입니다.

◆ 불교의 탄생지 인도에서 초기 불교 탑은 어떤지요?

부처님은 B.C 6세기 인도 북부의 쿠시나가라에서 열반합니다. 부처님을 따르던 제자들은 육신을 화장한 뒤 나온 사리를 보관하기 위해 탑을 만들었어요. 탑의 기원이지요. 하지만, 지금 부처님 시대 만든 탑은 남아 있지 않습니다. 가장 오래된 탑은 인도의 중부 마디아프라데시 지역에 있습니다. 1984년 미국계 유니언 카바이드사가 인류 역사상 최악의 가스 누출 사고를 일으켜 무려 2800여 명이 죽고, 20만여 명이 피해를 입은 보팔이라는 도시예요. 보팔에서 북동쪽으로 40㎞ 지점 구릉지대 산치(Sanchi)에 완벽한 형태의 반구형 거대 불탑이 탐방객을 맞이합니다. 인도 마우리아 왕조의 불교 수호 전륜성왕으로 불리는 아소카왕이 B.C 3세기 세운 탑으로 알려져 있어요. 암석을 벽돌처럼 작고 가지런히 잘라 반구형으로 쌓아 올린

산치 대탑. 인도 산치

탑입니다. 그러니까 인도에서 불교 초기에 만든 탑은 우리 식으로 하면 모전석탑인 것이지요.

◆ **불탑이 인도에서 간다라와 서역의 신장, 중국 내부를 거쳐 한국으로 전파된 것이군요.**

　그렇습니다. 고대인도 팔리어로 투파(Thupa), 산스크리트어로 스투파(Stupa)가 중국으로 들어와 탑파塔婆로 불리고, 한국으로 와 탑塔이 됩니다. 그 과정에 탑의 생김새는 인도와 간다라의 둥근 건물 형태 모전탑이나 전탑에서 신장 지역의 전탑, 6세기 초 중국에서 원추형 건물 형태 전탑이 됩니다. 이어 7세기 초 수나라 때 사각형 건물 형태 모전탑으로 진화합니다. 돌을 잘라 쓴 거죠. 건물 형태 모전탑이 백제와 신라로 들어와 7세기 초 미륵사지 석탑(일종의 모전탑), 분황사 모전탑을 탄생시켜요. 불교가 본격적으로 확산되면서 7세기 말 이후 건물 형태에서 오늘날 보는 형태로 축소돼요. 대신 흙벽돌 크기의 석재는 더 커져요. 3층이나 5층 석탑을 만들 때 각층이 하나의 석재인 거죠. 한국 불탑이 진화해온 과정입니다.

32

석굴암 기원...
인도 아잔타, 돈황, 운강, 용문 석굴

방송 2023.5.26.

부처님 오신 날은 부처님이 어머니 마야 부인의 몸에서 태어난 날이죠. 그런데, 불기 몇 년이라고 말할 때 불기는 불멸기원佛滅紀元의 준말인데요. 불佛은 부처님, 멸滅은 인간으로서 삶을 마감한 것이지요, 그러니까 불기는

석굴암 외경

부처님이 인간으로서 삶을 마감한 연도를 기준으로 삼습니다. 서기가 예수님이 태어난 연도를 기원으로 삼는 것과 다르지요.

◆ 그럼 2023년은 불기 몇 년에 해당하는지요?

불기 2567년인데요. 입적 장소가 네팔과 인도 국경에 가까운 인도 쿠시나가라인 점은 분명하지만, 연도는 정확하지 않아요. 지금은 남방 불교의 설을 따라서 B.C544년으로 정했습니다. 서기 연도에다 입적연도인 B.C544년의 544를 더하면 됩니다. 서기 2023년은 불기 2567년입니다.

✦ 부처님이 입적하신 곳은 쿠시나가라인데요. 태어나신 곳은 어디인지요?

네팔의 룸비니에요. 인도와 국경마을인데요. 수도 카트만두에서 비행기를 타면 한 시간여 거리에 작은 초미니 공항에 내려요. 룸비니 공항에서 차로 20분여 거리에 부처님 탄생장소가 자리하는데요. B.C3세기 인도 마우리아 왕조 아소카 왕이 부처님 탄생 장소로 명명한 산스크리트 문자 기둥이 있어요. 아소카왕 석주라고 하는데요. 태어나신 해는 남방불교에서 B.C624년으로 정했고요. 날짜는 예부터 인도와 중국, 우리나라에서 음력 4월 8일로 삼

룸비니 동산 부처님 탄생지

룸비니 동산 전경

앉어요. 8일이어서 '초파일初八日'이라고 부릅니다. 일본은 양력 4월 8일로 바꿨고요. 1998년 열린 세계 불교도 대회에서는 양력 5월 중 보름달이 뜨는 날로 정했습니다. 지역마다 날짜가 다릅니다.

◆ 우리나라 불교문화 유산이라면 먼저 석굴암부터 떠올리잖아요.

석굴암은요. 문화재청에 등록된 정식명칭은 석굴암석굴이에요. 석굴이라는 거죠.『삼국유사』에 나오는 이름은 석불사입니다. 그러니까, 절벽에 굴을 파 석불을 안치한 절, 즉 석굴사원입니다.『삼국유사』를 보면, 751년 경덕왕 10년 김대성이 불국사를 중창해 현세의 부모님을 모시고, 석굴암을 만들어 전생의 부모를 모셨다고 돼 있어요. 김대성은 왕족 김대정으로 추정돼요. 김씨 왕족을 위한 2대 사찰 불국사와 석불사를 창건했다고 볼 수 있습니다.

◆ 석굴 사원은 언제 어디서 처음 등장하는지요?

인도 중부지방이자 인도 최대 경제도시 뭄바이에서 내륙으로 아우랑

가바드라는 도시 외곽에 아잔타 석굴사원이 있습니다. 와고라 강(Waghora River)을 따라 길게 펼쳐진 계곡 암벽에 30개의 암자를 만들었습니다. 강화 석모도 보문사에 635년 화정대사가 처음 짓고 조선 순조 때 1812년 고

아잔타 석굴사원 19굴 불상

아잔타 석굴사원 전경

쳐 지었다는 석굴사원이 30개 붙어 있다고 보면 됩니다. B.C2세기에서 서기 5세기까지 700여 년에 걸쳐 조성됐어요. 기원전 2세기부터 기원후 100년 사이, 사타바하나 왕조 시대 5개의 전기 석굴과 바카타카 왕조 시기 5세기에 만들어진 후기 석굴 25개입니다. 석굴암이 만들어지던 8세기 정작 인도에서는 불교가 쇠퇴해요. 아잔타 석굴사원은 버려지고 잊혀집니다. 1819년 영국 군인 존 스미스가 호랑이 사냥 도중 우연히 발견해 다시 세상에 모습을 드러냈어요. 1983년 유네스코 세계문화유산으로 지정됐고요. 우리 석굴암과 달리요. 내부가 화려한 채색불화로 가득합니다. 불상은 간다라 불상이 등장한 1세기 이후 것들입니다.

아잔타 석굴사원 26굴 내부

◆ 인도 아잔타에서 석굴사원이 간다라를 거쳐 실크로드를 타고 전파되
나요?

석굴사원은 북으로 파키스탄과 아프가니스탄의 간다라 지방을 거쳐 중
국 서부 신장 위구르 자치구와 감숙성 지역으로 전파됩니다. 실크로드 선
상이죠. 그중 대표적인 것이 돈황 석굴사원입니다. 돈황 공항에 내려 택
시를 타고 20여분 달리면 명
사산이라는 아름다운 사막에
도착합니다. 몽골이나 이집
트, 리비아 같은 여러 지역의
사막을 다녀봤습니다만, 가
장 인상적으로 아름다운 사
막인데요. 이 근처 협곡 막고

돈황 249굴. 서위시대 불상과 채색화. 6세기

莫高에 석굴사원이 자리해 막고굴이라고도 합니다. 제가 탐방했던 2019년
에는 한국어 전용 해설사가 배치돼, 무료 한국말 안내를 해줄 정도로 많은
한국인들이 찾았지요.

◆ 돈황 석굴은 언제 조성된 것인가요?

5호16국 시대 366년입니다. 티벳 계열 저족이 세운 나라 전진의 승려
낙준이 시작합니다. 청나라까지 1천 500여년 가까이 지속됐고요. 모두
492개의 석굴암자가 있는데요. 아잔타처럼 내부에 화려한 벽화가 가득하
고요. 진흙으로 빚은 뒤, 채색한 채색소상 2천400점이 있습니다. 흥미로
운 점은 초기 5호16국 시대나 선비족 북위, 서위, 동위 시대 만들어진 석굴
의 불상은 간다라풍 불상이라는 점입니다. 그리스 아폴론 신을 원용해 만
든 그리스신의 모습이죠.

돈황 석굴사원 전경

운강 석굴사원

◆ 돈황의 석굴 사원은 어디로 전파되는지요?

동쪽으로 이동해 북경 근처 대동이라는 곳에 운강 석굴로 이어집니다. 한족이 아닌 기마민족의 영역이에요. 운강석굴 주역은 선비족입니다. 선비족 탁발씨가 세운 북위는 386년부터 534년까지 존속했고요. 동위, 서위 등으로 나뉘어 수나라에 멸망하던 581년까지 200여년 동아시아 최강 제국이었습니다. 선비족 북위의 역사를 다룬『위서魏書』〈석로지釋老志〉를 보면요. 불교장관인 사문통 담요曇曜 스님이 460년에 시작해요. 이후 525년까지 65년간 동서 약 1㎞ 절벽에 252개

운강 20굴 노좌대불

석굴암자를 만들었습니다. 5만2천여개 불상을 조각했고요. 이 가운데 20굴에 높이 14m 석불은 최고의 걸작으로 평가받죠. 간다라풍 불상입니다.

◆ **석굴사원이 중국문명의 심장부죠. 황하 유역 서안 지역으로 온 것은 언제인가요?**

선비족의 나라 북위가 중국을 효율적으로 통치하기 위해 수도를 운강 석굴이 조성된 대동에서 서안 옆 낙양으로 옮깁니다. 그리고 낙양 옆에 흐르는 강, 이수하 서쪽 용문 돌산에다 석굴사원을 조성해요. 북위 효문제 때 494년 시작했습니다. 이후 수나라, 당나라를 거치며 모두 785개의 석굴을 파고, 10만 점의 불상을 조각했습니다. 용문 석굴의 특징은 간다라풍을 벗어난 중국식 불상입니다. 7세기부터요. 그리스 아폴론신의 얼굴에서 중국 사람 얼굴로 바뀐 거죠.

용문 석굴사원 전경

용문 봉선사동 대불

◆ 그때 당나라와 신라는 밀접한 관계를 맺고 교류한 것이지요?

신라는 7세기 당나라와 친밀하게 지내면서 정치 군사적으로 백제, 고구려와 대적했고요. 문화적으로는 당나라의 거의 모든 것을 받아들입니다. 인적교류도 많았고요. 당나라 낙양 옆의 용문 석굴을 본 신라 불교인들이 영감을 얻어 8세기 석굴암을 조성한 것으로 볼 수 있습니다. B.C2세기 아잔타에서 시작돼 1천여년 가까운 시간이 흐르며 공간적으로는 인도에서 신장, 내몽골, 중국 심장부를 거쳐 한반도로 들어온 거죠.

33

예수그리스도...
선한 목자에서 수난받는 십자가로

방송 2022.12.23.

12월 25일은 크리스마스지요. 예수그리스도가 태어난 날인데요. 현대 서양 문명이 기독교를 근간으로 하기 때문에 크리스마스를 가장 중요한 축제일로 삼는다고 봐야죠. 우리나라도 크리스마스를 부처님 오신날과 함께 공휴일로 정해서 예수님의 탄생을 기리지요. 기독교 역사에서 예수 그리스도의 이미지가 어떻게 변해 왔는지 살펴보겠습니다.

◆ **지구촌의 중요 종교로 자리잡은 기독교와 이슬람교, 불교의 공통점과 차이점부터 살펴볼까요?**

기독교와 이슬람교의 공통점은 유일신입니다. 민족 기준으로 본다면 요. 유대인과 아랍인은 셈족인데요. 셈족의 3대 종교 유대교, 기독교, 이슬람교예요. 유일신 신앙입니다. 유대교의 경전 구약성경을 유대교, 기독교, 이슬람교가 모두 인정하고요. 유대교에서 유일신이 야훼라면, 이슬람교에서는 알라입니다. 기독교에서는 야훼와 그 아들 예수그리스도를 동일시해서 유일신으로 보는 것이고요. 불교에서는 부처님을 신격화하지만, 여러 종류의 신이 있죠. 기독교와 이슬람교, 불교의 가장 큰 차이점은 요. 신상神像, 즉 신의 이미지입니다. 기독교와 불교에서는 야훼 하느님이

나 예수님, 부처님을 이미지로 표현해요. 사람 형상으로 표현합니다. 이슬람교는 알라나 알라의 뜻을 전하는 무하마드의 이미지를 만들지 않아요. 그림이나 조각이 없습니다.

- ◆ 기독교에서 야훼 이미지는 미켈란젤로의 바티칸 시스티나 예배당 그림이 대표적이죠?.

미켈란젤로가 그린 「천지창조」를 교황청 시스티나 예배당에서 볼 수 있는데요. 크기부터 압도적이죠. 시스트나 예배당 천장 전체에 그렸는데요. 가로 41.2m, 세로13.2m 나 돼요. 1508년 교황 율리우스 2세가 미켈란젤

야훼의 아담창조. 바티칸 시스티나 예배당

로에게 부탁한 그림이에요. 천재 화가 미켈란젤로가 4년 동안 천장 바로 밑에 세운 작업대에 앉아서 고개와 허리를 뒤로 젖힌 채 천장에다 그린 겁니다. 미켈란젤로는 이 작업으로 목과 눈에 이상까지 생기는데요. 4년 지나 1512년 고난의 창조과정을 마칩니다. 「천지창조」는 구약 창세기를 9장면으로 나눈 그림인데요. 이 가운데 '아담의 창조'를 보면 야훼 하느님의 모습이 생생하게 묘사됐죠. 흰 수염의 근엄해 보이는 노인 모습이에요.

- ◆ 기독교에서 예수 그리스도의 이미지를 표현하기 시작한 것은 언제부터인가요?

유물로 남은 것은요. 313년 콘스탄티누스 대제가 기독교를 공인한 뒤부터 예수그리스도 조각이나 모자이크가 나옵니다. 전래 그리스 로마신을 표현하는 방법을 이어받은 거죠. 조각은 주로 기독교도들의 석관에 새겼어요. 로마의 남성들이 입던 토가를 입은 모습이에요. 예수그리스도 이미지에서 모자이크를 주목할 필요가 있어요

지금까지 출토된 가장 오래된 예수그리스도 이미지. 로마 모자이크. 영국 도르셋 지방 출토. 4세기. 대영박물관

◆ **모자이크라면 색종이 뜯어 붙이던 학창시절 미술이 떠오르는데요.**

모자이크는요. 다양한 색상의 대리석이나 색을 입힌 유리를 1mm-5mm 정도로 잘게 잘라요. 테세라(tessera)라고 하는데요. 건물 바닥을 파서 모르타르를 치고요. 그 위에 다양한 색상의 테세라를 붙여서 원하는 이미지를 만들어내요. 이런 예술품을 모자이크라고 합니다. 바닥에 먼지가 일지 않거나, 물에 질척거리지 말라는 취지의 포장기법이기도 해요. 한마디로 건축 예술장식인 거죠. 헬레니즘 시대 그리스인들이 발달시켜 로마에도 계승됐어요. 모자이크로 표현한 예수그리스도 이미지가 오늘날까지 남아 있는 겁니다.

◆ **초기 모자이크 속 예수 그리스도는 어떤 이미지인지요?**

4세기 등장한 석관 속 조각이나 모자이크 속 예수그리스도 이미지는 선한 목자牧者(Good Sheperd)라고 하는데요. 양들을 옆에 둔 선한 이미지의 목

자 모습입니다. 영국 런던 대영박물관에서 볼 수 있는 영국 도르셋 지방 출토 4세기 모자이크가 대표적이지요, 전통 그리스 로마 모자이크처럼 바닥에 설치한 겁니다.

◆ **바닥에 예수그리스도 모자이크를 설치하면 밟고 다녀야 하는데, 가능했나요?**

선한 목자 예수그리스도. 450년경. 라벤나 갈라 플라키디아 묘

선한 목자 예수 그리스도. 547년경. 라벤나 산 비탈레 성당

그 점이 로마 기독교인들의 고민이었어요. 그래서 예수그리스도 이미지를 설치하는 장소를 바꿉니다. 모자이크 설치 위치를 바닥에서 벽이나 천장으로 옮긴 거예요. 그래서 5세기 이후 예수 그리스도 모자이크는 바닥이 아닌 벽이나 천장에 설치됩니다. 서로마제국 말기 수도였던 이탈리아 라벤나 갈라 플라키디아 묘소의 예수 그리스도 모자이크가 대표적입니다. 갈라 플라키디아는 기독교를 국교로 삼은 테오도시우스 황제의 딸인데요. B.C450년경 만들어진 모자이크입니다. 선한 목자형 모자이크의 전형이지요.

◆ 예수그리스도의 성상이 초기 로마시대와 중세 이후 변화가 있다고요?

목자 이미지는 중세 근엄한 이미지로 변합니다. 판토크라토르 그리스도(Christ Pantocrator)라고 합니다. 튀르키예 이스탄불의 성 소피아 성당에서 대표적인 판토크라토르 그리스도를 볼 수 있습니다. 1261년에 만들어진 모자이크예요. 황금색을 바탕으로 휘황찬란한 모습이지요. 가시 면류관을 쓰고 피를 흘리며 십자가에 못으로 박히는 수난 이미지의 예수그리스도는 중세 말 나타납니다. 선한 목자에서 근엄한 신, 박해받는 수난 이미지로 진화한 거죠.

판토크라토르 예수 그리스도. 1143년. 팔레르모 노르만 궁전 팔라티나 예배당

판토크라토르 그리스도. 1261년. 이스탄불 아야 소피아

◆ 기독교에서도 이슬람교처럼 한때는 예수그리스도 이미지를 만들지 못하도록 했죠?

그렇습니다. 476년 서로마제국 멸망 뒤, 교황청은 로마 바티칸에 있었지만, 당시 기독교에 절대적인 영향을 미치던 황제는 콘스탄티노플의 동로마제국 황제였어요. 726년 동로마 황제 레오 3세가 예수 그리스도, 성모 마리아, 성자나 순교자들의 이미지를 만들지 말라고 명합니다. 성상聖

십자가 예수그리스도 그림. 12-13세기. 마드리드 고고학 박물관

像 금지령입니다. 교회가 반대했지만, 황제의 명을 거부하기 어려웠죠. 논란 끝에 동로마 황제 콘스탄티누스 6세의 섭정이던 황후 이레네가 787년 이 금지를 풀었어요. 그런데 26년 뒤 813년 동로마 황제 레오 5세가 재차 성상 금지령을 내려요. 격렬한 반대 속에 레오 5세가 죽은 뒤 황후 테오도라가 843년 성상 금지령을 철회해요. 이후 이콘(Icon)이라고 하는 그림이나 모자이크 등의 형식을 띤 예수그리스도와 성모 마리아 이미지는 허용됩니다. 초기 예수그리스도 이미지가 많이 남아 있지 않은 것은 이 시기 많이 파괴됐기 때문입니다.

십자가 고난의 예수그리스도. 지안도메니코 티에폴로(1727년-1804년) 작품. 스페인 프라도 박물관

34

세스페데스 신부...
임진왜란 때 들어온 첫 서양인

방송 2023.4.28.

임진왜란 시기 1592년부터 1598년까지 6년 반 동안 조선은 큰 피해를 입었죠. 일본군이 초기 파죽지세로 조선을 정복할 수 있던 비결 가운데 하나는 조총부대입니다. 임진왜란의 상징 이순신 장군도 1598년 11월 노량해전서 조총 탄환에 맞아 전사하잖아요. 일본은 포르투갈을 통해 조총을 받아들였는데요. 포르투갈이 일본에 전해준 것이 또 하나 있습니다. 기독교인데요. 임진왜란과 기독교는 어떤 관련이 있는지 살펴봅니다.

◆ 일본군 선봉대를 이끌고 임진왜란 초기 승리를 견인한 인물이 고니시 유키나카죠?

고니시 유키나카는 1만 8천명의 선봉대를 이끌고 1592년 4월 12일 자신의 사위가 성주로 있던 대마도를 출발해요. 4월 13일 부산진에 도착하고요. 부산진 정발 첨사의 항전을 무력화시키고, 다음날 4월 14일 동래성에 도달해요. 송상현 동래부사의 결사항전을 조총으로 제압합니다. 파죽지세로 5월 2일 수도 한양을 정복합니다. 조총의 위력이었죠. 그때 고니시 유키나카가 조총 말고, 또 하나 주목할 만한 일을 조선에서 벌입니다.

◆ 고니시 유키나카가 벌인 일이 기독교와 관련 있는지요?

고니시 유키나카는 세례명 아우구스티노의 카톨릭 즉 천주교 신자입니다. 1543년 포르투갈 상선이 다네가시마 섬에 표류하면서 포르투갈사람들이 총을 일본에 전했고요. 포르투갈은 일본이라는 나라가 있다는 것을 처음 압니다. 당시 서양의 정세를 보면요. 포르투갈과 스페인이 신항로 개척과 해상무역으로 부국을 지향하는 상황이었고요. 사회문화 측면에서는 종교 전쟁시대였습니다. 1517년 마르틴 루터가 95개조 반박문을 내면서 로마 카톨릭에 대항해 신교의 역사를 열잖아요. 개신교의 열기가 유럽사회에 요원의 불길처럼 번지면서요. 기존 카톨릭계는 로욜라 신부를 중심으로 1534년 파리에서 카톨릭 수호 모임을 만들어요. 6년 뒤, 1540년 교황으로부터 정식인가를 얻는데요. [예수회]입니다. 국내 서강대학교가 예수회 소속이지요. 예수회는 카톨릭 국가인 스페인과 포르투갈이 확보한 식민지나 교역지를 선교 목표로 삼았습니다. 예수회 창립 멤버의 한명이던 스페인 출신 프란체스코 하비에르는 1549년 일본에 옵니다. 신문물을 전수하며 영주들의 환심을 사고 기독교를 적극적으로 포교합니다.

◆ 그때 고니시 유키나카가 카톨릭 신자가 된 것이군요.

고니시 유키나카 뿐아니라 그가 이끈 1만 8천여명의 병사들은 대부분 카톨릭 신자였습니다. 고니시 유키나카는 임진왜란 중 초기 경남 창원의 진해 웅천 왜성에 주둔했는데요. 일본에 와 있던 예수회 소속 스페인 출신 카톨릭 신부 그레고리오 세스페데스를 웅천 왜성으로 부릅니다. 도날드 라흐 교수가 2008년 미국 시카고 대학에서 펴낸『유럽 만들기에서 아시아의 역할(Asia in the Making of Europe)』1권에 보면 세스페데스 신부가 1593년 12월 27일 진해에 도착해 1년간 머문 것으로 기록됩니다. 일부에서는 종군 신부라고 합니다만, 토요토미 히데요시가 1587년부터 카톨릭 탄압정책을 펼쳤기 때문에 고니시 유키나카가 공식적으로 카톨릭 신부를 초청할 상황은 아니었다고 봐야 합니다.

◆ **세스페데스 신부가 조선사람에게도 포교하거나 세례를 해주었는지요?**

세스페데스 신부가 조선 포교라는 목표를 갖고 왔을 것은 분명합니다. 당시 예수회 소속 신부들의 공통된 목표는 새로운 지역에 카톨릭을 심는 것이었으니까요. 하지만, 일본 최고 실권자 토요토미 히데요시의 탄압 정책이 있어 민가로 나가 조선사람들을 상대로 카톨릭을 포교할 정황은 아니었다고 여겨집니다. 다만 일본군 영내로 잡혀들어온 조선 사람들에게 기독교 복음을 전했을 가능성은 있습니다. 또, 일본군이 조선에서 잡은 남녀포로를 마카오나 인도네시아에서 팔아넘겼는데요. 세스페데스 신부가 일본군을 설득해 조선남녀 수백여명을 구출하고, 가톨릭 신도로 삼았다고 합니다. 세스페데스 신부는 1년간 조선에서 활동한 뒤, 일본으로 돌아가 선교에 힘쓰다 도쿠가와 막부의 본격적인 기독교 탄압 직전 1611년 나가사키에서 사망합니다.

◆ **세스페데스 신부가 조선에 들어온 최초의 기독교인이군요?**

기존에는 병자호란 때 청나라에 볼모로 갔던 소현세자를 첫 기독교인이라고 여겼죠. 북경에서 독일 출신 예수회 소속 신부 아담 샬에게 세례를 받고 1645년 귀국하면서 성경과 중국인 신부를 대동했거든요. 하지만, 세스페데스 신부가 일본인 전도사와 함께 1593년 고니시 유키나카의 초청으로 진해 땅에 들어왔으니, 한국 사회와 기독교 첫 만남의 역사도 52년 당겨진 겁니다. 일본이 처음 기독교와 만난 것은 1549년 예수회 소속 프란체스코 하비에르 신부이고요. 중국은 원래 당나라 시대 7-8세기 네스토리우스파 기독교 선교사들이 대거 들어와 기독교를 전파했는데요. 이후 근대 첫 포교는 이탈리아 출신으로 포르투갈에서 활약한 예수회 소속 마테오 리치 신부예요. 1582년 포르투갈 식민지 마카오에 상륙해 1583년 중국 땅을 밟습니다. 우리는 1593년 스페인 세스페데스 신부이고요. 16세기 동양 3국의 기독교와 만남입니다.

◆ 세스페데스 신부가 갖는 두 번째 의의는 한국에 들어온 첫 서유럽 사람인 거죠?

페르시아나 아랍 상인들은 신라시대 들어왔지만, 서유럽인은 아니죠. 서유럽에 한국이 알려진 것은 고려 시대예요. 몽골이 동서양을 아우르는 대제국을 건설한 뒤, 서유럽인들이 동양에 다녀와 기록을 남깁니다. 1300년경 『동방견문록』을 쓴 베네치아 출신 마르코 폴로가 대표적이죠. 마르코폴로는 고려에 온 적은 없지만, 고려를 언급해요. 조선시대 네덜란드 사람 '벨테브레'가 1628년 제주도에 표류한 것이 최초의 서유럽 사람 내한입니다. 박연으로 이름까지 바꾸고 조선에 귀화했죠. 세스페데스 신부는 이보다 35년 앞서 1593년 조선에 들어온 겁니다.

◆ 세스페데스 신부가 조선에 대한 기록을 남기기도 했는지요?

스페인 문학 전문가인 박철 전 한국외국어대 총장이 세스페데스 신부에 대한 세계 최초의 연구기록을 남기는데요. 박철 교수는 스페인 마드리드 대학에 유학하면서 16세기 고문서에서 세스페데스 신부 기록을 찾아냈어요. 이를 바탕으로 1986년 스페인 외교부 출판문화국에서 『극동에서 스페인 선교사들의 문화적 활동에 관한 문헌적 연구: 그레고리오 데 세스뻬데스』를 출간했고요. 이듬해 1987년 서강대학교 출판부에서『한국 방문 최초 서구인, 그레고리오 데 세스뻬데스』, 이어 2011년에는 외국어대 출판부에서『16세기 서구인이 본 꼬라이』를 출간하며 세스페데스 신부를 다뤘는데요. 세스페데스 신부가 당시 조선에서 작성한 4통의 편지를 발견해 그 내용을 싣고 있습니다. 임진왜란에 대해 '아무도 원하지 않은 전쟁이 도요토미 히데요시의 무모함으로 저질러진 것에 대한 안타까움', '전쟁의 고통과 평화협정에 대한 갈망', '거북선과 해상에서 조선 수군의 승리' 등을 담고 있습니다. 임진왜란을 당시 직접 목격하고 기록한 3자 시각의 유일한 기록으로 역사적 사료가치가 무척 큽니다. 임진왜란을 토요토미 히데요시의 독단적인 야망이 빚어낸 비극임을 분명히 하는 점도 의미심장하고요. 스페인 정부는 1993년 자국 출신 세스페데스 신부의 한국 도착 400주년을 기려 기념패를 제작해, 진해시에 전달했고요. 지금은 웅천 왜성 근처 세스페데스 공원에 전시돼 있습니다.

35

이슬람 라마단...
금식과 고려인 이슬람 신자 라마단

방송 2023.4.14.

이슬람 문화권에서는요. 매년 아홉 번째 달, 9월이 오면요. 초승달을 관측해요. 최고종교지도자가 초승달을 육안으로 관찰한 후 라마단의 시작 날짜를 공포하면 그때부터 한 달간 라마단이 시작됩니다. 태양력으로 3월에서 4월 사이입니다. 624년부터는 지금과 같은 방식으로 날짜를 정한 것으로 알려져 있는데요. 이슬람 최대 풍습 라마단의 이름을 딴 고려 시대 고려인 이슬람교도가 있었습니다. 라마단 풍습과 고려인 신자 라마단에 대해 살펴봅니다.

◆ 라마단이란 무엇을 기념하기 위한 이슬람 풍습인지요?

라마단은 이슬람 달력 9월로 '무더운 달'을 뜻합니다. 이슬람교의 핵심은 알라가 유일신이고, 무함마드가 알라의 뜻을 전하는 예언자라는 믿음인데요. 무함마드가 무더운 여름 고향인 메카 북방의 히라 동굴에서 명상의 시간을 가질 때 가브리엘 천사장으로부터 알라의 계시를 받았다는 것이잖아요. "꾸란(코란)" 즉 "받아적으라"는 가브리엘 천사의 말, 즉 알라의 말을 적으며 신의 계시를 받은 달이 라마단입니다. 이슬람교도들은 이를 기리는 거죠,

◆ **라마단 기간에 지켜야 할 계율에는 어떤 것이 있는지요?**

금식입니다. 무함마드의 고행 금식기도를 기려 해가 떠 있는 동안 금식합니다. 오전 6시부터 오후 6시까지요. 환자, 임산부, 모유 수유나 생리 중인 여성, 노인, 어린이, 육체노동자는 예외로 합니다. 해가 져 저녁이 되면음식을 먹는데요. 한 상 단단히 차려서 이웃, 특히 가난한 이웃과 나눠 먹습니다. 금식기도와 명절이 조화된 풍습으로 보시면 되겠습니다. 이슬람교는 원래 술을 금하기 때문에 술은 당연히 안되고요. 라마단 기간 담배도금지됩니다. 남녀 사랑 행위도 금지합니다. 30일 라마단 기간 중 마지막10일은 가장 강도 높은 기도 기간인데요. 특히, 27번째 날은 라일라툴 카드르(Laylatul-Qadr), 우리말로 '권능의 날'로 부르며 모스크에서 밤샘 기도를올립니다.

◆ **라마단이 끝나면 어떤가요. 한 달간 금식기도 했으니 이에 대한 보상도 필요할 것 같은데요.**

라마단 뒤, 3일간 먹고 마시는 이드 알피트르(Eid al-Fitr) 축제가 펼쳐집니다. 이슬람 최고의 축제입니다. 맛난 음식을 준비해 먹고, 선물도 주고받고요. 고향을 방문하거나 여행하는 등 우리네 추석이나 설날 연휴 비슷하다고 보면 될 것 같습니다.

◆ **이제 우리 역사로 와서요. 한국 역사에 이슬람이 유입된 것은 언제인가요?**

중동의 이슬람이 중앙아시아로 전파된 것은 8세기이고요. 몽골이 중국땅에 원나라를 세운 13세기에 이슬람교가 중국에 본격 유입됩니다. 13세기-14세기 중국에 100백만명 가까운 이슬람교도가 있었다는 주장도 나옵니다. 이때 중국으로 들어온 페르시아나 아랍, 위구르 출신 이슬람교도는

용산구 이태원에 자리한 이슬람 서울 중앙 모스크

주로 상업에 종사했어요. 당시 무역은 바닷길로 이뤄지기 때문에 중국 남부의 해안지대에 정착해 뿌리를 내렸습니다. 광동성 광주에 있는 회성사는 중국 최초의 이슬람 모스크로 알려져 있습니다. 복건성 천주의 청정사도 이슬람 모스크로 이름 높고요. 절처럼 뒤에 '사寺'자를 붙인 이름이 흥미롭죠. 우리는 1270년부터 몽골의 속국이 되고. 충렬왕이 1274년 즉위하는데요. 충렬왕 때 회회족(위구르) 이슬람교도가 고려에 귀화해 들어온 것으로 보입니다. 이때, 고려사람 가운데도 이슬람교도가 된 사람이 있을 것으로 추정됩니다. 이와 관련해 아주 흥미로운 사실이 관심을 모읍니다. 고려인 이슬람교도. 라마단이요.

◆ 이슬람 달력 9번째 달인 라마단을 이름으로 한 고려인 이슬람교도가

있었다는 것인가요?

지금까지 확인된 가장 오래된 고려인 이슬람교도인데요. 1985년 7월 중국 광동성 광주의 이슬람 모스크 회성사 묘지에서 이슬람교도 비석이 발견됐어요. 이름은 라마단. 국적이 고려예요. 2003년 12월 광동성에서 학술조사를 하던 순천향대 박현규 교수가 발견해 2004년 한국중국문화학회 춘계학술회의에서 발표했습니다. 그 뒤 KBS에서 다큐멘터리로 소개하기도 했고요.

◆ 고려인 이슬람교도 라마단이 어떻게 중국 남부 맨 끝인 광동성에서 사망한 것인지요?

라마단의 집은 대도, 그러니까 북경, 원나라의 수도지요. 1270년부터 고려가 몽골 원나라의 속국이 된 뒤로 많은 고려인이 원나라 수도 북경에 살았는데요. 라마단은 북경 완평현 청현관에 주소를 둔 것으로 비석에 나옵니다. 원나라 지방관리 다루가치가 돼 광서도 용주 육천현 에 부임합니다. 오늘날 광주예요. 라마단은 지정 9년, 그러니까 1349년 3월 23일에 38살에 사망합니다. 북경으로 가지 못하고 이슬람교 신자이다 보니 이슬람 모스크 묘지에 안장된 거죠. 한자는 물론 아랍어로 된 비석에 아버지 이름도 적혀 있는데, 알라 웃딘. 아버지대부터 이슬람교도였던 것으로 보입니다.

◆ 아버지 이름도 알라 웃딘이라는걸 보면 토착 고려인이 아닌 아랍이나 위구르족 같은 귀화 고려인일 가능성도 있는 건가요?

그렇습니다. 고려는 자유롭게 해양무역을 펼쳐, 많은 외국인들이 들어온 다문화 사회였어요. 하지만, 토착 고려인일 가능성도 높습니다. 라마단이 지정 9년 그러니까 1349년 숨졌다고 돼 있는데요. 지정은 몽골 원나

서울 중앙 모스크 입구의 이슬람 한글문구

라의 11대 마지막 대칸 혜종(순제)의 연호입니다. 몽골 이름 토콘 테무르인데요. 징기스칸부터 따지면 몽골제국 15대 대칸입니다. 혜종의 큰 아들을 낳은 여인이 고려 출신 기황후입니다. 고려 기씨 가문 여인인데요. 몽골에 공녀로 공출됐다가 혜종의 눈에 들어 첫아들을 낳고, 황후의 자리에 오릅니다. 아들 아유르시리다라는 황태자로 책봉돼 원나라 차기 대칸이 될 참이었는데요. 명나라에 1368년 멸망해 몽골초원으로 쫓겨나죠. 라마단의 활동 시기는 기황후의 위세가 강하고, 기황후가 중용한 고려 출신 환관 박불화가 권세를 휘두르던 때입니다.

◆ 고려출신 황후와 환관이 권세를 누리던 때라 토착 고려인이 관리로 기용될 가능성이 높았다는 것이군요.

고려인이면서 더구나 이슬람교도로 개종한 사람이라면 원나라에서 지방관리로 발탁되기 더 쉬웠겠죠. 중요한 점은요. 위구르 혹은 아랍인으로 고려에 귀화했든 아니면 토착 고려인이든 고려시대 이슬람교도가 고려에서 살았다는 점입니다. 1918년 이능화가 저술한 역작이죠. [조선불교통사]. 방대한 자료를 기반으로 한국불교 역사는 물론 이슬람교에 대한 내용도 담고 있는데요. 고려시대 개성에 회회교, 즉 이슬람 모스크가 있었다고 기록합니다. 고려시대 종교 다문화 현상을 잘 보여줍니다.